Fourmi

Le scénario

Julien Rappeneau

Fourmi

Le scénario

D'après le texte du roman
graphique *Dream Team*,
par M. Torrecillas et A. Laperla

Worterklärungen von
Verena Plomer

Ernst Klett Sprachen
Stuttgart

1. Auflage 1 4 3 2 | 2024 23 22

www.klett-sprachen.de

Worterklärungen von Verena Plomer

Redaktion: Elena Bergmann
Layoutkonzeption: Elmar Feuerbach
Gestaltung und Satz: Joachim Schrimm, 71292 Friolzheim
Umschlaggestaltung: Andreas Drabarek
Titelbild: ©David Koskas
Druck und Bindung: Plump GmbH, Rheinbreitbach

Printed in Germany

ISBN 978-3-12-598457-8

9 783125 984578

Table des matières

Introduction

Vor dir liegt das Drehbuch zum Film Fourmi. Hast du schon einmal ein Drehbuch gelesen? Wenn nicht, wirst du feststellen, dass es ganz anders geschrieben ist als ein Roman.

Die Handlung ist in viele einzelne Szenen aufgeteilt. Jedes Mal, wenn sich der Ort der Handlung oder die Zeit ändern, beginnt eine neue Szene.

Jede Szene hat eine Überschrift, die Angaben zum Ort und zur Tageszeit beinhaltet:

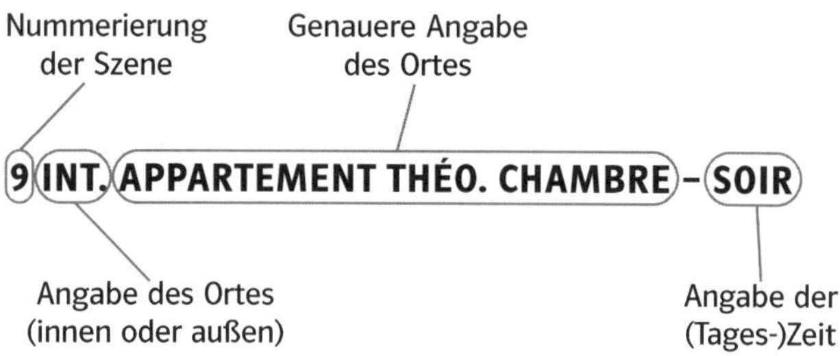

Nach der Überschrift folgt eine kurze Beschreibung der Situation.

Théo fait ses devoirs à son bureau [...]

Wenn die Figuren etwas sagen, wird ihr Name genannt und in der nächsten Zeile folgen die von der Figur gesprochenen Worte. Manchmal wird auch zusätzlich angegeben wie die Figur spricht, z.B.

THÉO *(souriant)*
Merci papa.

Begriffe aus der Filmsprache

(en) off	(aus dem) Off *Der Sprecher ist im Bild nicht zu sehen.*
Ext. (= extérieur)	Außen
le gros plan	Großaufnahme *Ein Objekt wird so gefilmt wird, dass es das ganze Bild beherrscht.*
Int. (= intérieur)	Innen
Jour	Tag
le montage clipé	Clipmontage *Montage aus mehreren Videoclips*
le montage en jump cut	Schnitt mit Bildsprüngen
Nuit	Nacht
le plan large / le plan d'ensemble	Totale *Kameraeinstellung, die das Ganze einer Szene erfasst*
le plan rapproché	Nahaufnahme
supprimé	gelöscht *Szene, die im Nachhinein gestrichen wurde*
une vignette	Einzelbild

Filmsequenzen in Klett Augmented

Mithilfe der Klett Augmented-App könnt ihr zehn Ausschnitte aus dem Film auf eurem Smartphone oder Tablet ansehen. Die Sequenzen, sind im Drehbuch mit dem Symbol gekennzeichnet.

Klett-Augmented-App kostenlos downloaden und öffnen | Seite mit **diesem Symbol** scannen | Medien laden, direkt nutzen oder speichern

Fourmi

(scénario)

1 SUPPRIMÉE

2 EXT. IMMEUBLE THÉO – JOUR

Un ciel ensoleillé. Un ballon entre dans le champ. En sort en retombant. Puis y entre à nouveau. Nous découvrons Théo (12 ans), petite taille. C'est lui qui avec talent fait rebondir le ballon sur sa tête. Il est au bas d'un immeuble dans une résidence populaire. Il enchaîne sur des jongles habiles. Il réussit à faire « le tour du monde ». Puis d'un coup sec attrape son ballon. Il soupire, regarde sa montre. Il attend quelqu'un. Le temps s'écoule. Le voilà maintenant qui reprend ses jongles. Puis en enchaînant de frappes contre un mur. Avant de s'entraîner aux dribbles.

Le voilà maintenant assis sur des marches. Il regarde sa montre, glisse le ballon dans le sac et sort son téléphone.

3 INT. PETIT PAVILLON TANTE LAURENT. CHAMBRE – JOUR

Un portable sonne dans une chambre modeste, en foutoir. La tête enfouie dans le matelas, la silhouette massive d'un homme, de dos, qui s'est endormi dans une position déglinguée. Il marmonne, ne décroche pas.

5 **faire rebondir** abprallen lasssen – 7 **enchaîner sur des jongles habiles** *ici:* weitere Tricks machen – 8 **faire « le tour du monde »** *ici:* den Ball beim Jonglieren mit dem Fuß umrunden – 8 **d'un coup sec** mit einem Ruck – 9 **soupirer** seufzen – 10 **s'écouler** passer – 17 **le foutoir** *vulg* Saustall – 20 **déglingué,e** *fam ici:* schief, krumm – 20 **marmonner** murmeln – 20 **décrocher** répondre au téléphone

4 EXT. IMMEUBLE THÉO – JOUR

THÉO
Bon bah ça fait une demie heure que je t'attends, t'as du oublier. J'y vais, sinon je vais être en retard.

Il s'apprête à raccrocher, moue déçue.

THÉO
C'est pas grave, hein.

Il attrape son sac et s'éloigne en courant.

5 INT. CLUB L'INTRÉPIDE FC. VESTIAIRE – JOUR

L'avant match dans un club amateur, catégorie U13. Une dizaine de garçons de 12–13 ans sont assis. Ils portent le maillot de l'Intrépide Football Club. Karim, téléphone en main, lance aux autres, un peu soucieux :

KARIM
Théo est en retard. Faut qu'on l'attende là. On a répété plein de stratégie avec lui à l'avant. Je le passe à qui le ballon, moi ?

LASSANA
Passe le à Lucas, ça le réveillera !

Lassana envoie le ballon qu'il a en main sur Lucas qui dormait. Ça le réveille d'un coup. Quelques rires.

5 **moue déçue** *f.* mit enttäuschtem Gesichtsausdruck – 8 **s'éloginer** partir, s'en aller – 13 **un maillot** Trikot

Deux hommes apparaissent. Le silence se fait immédiatement. Claude, la soixantaine est l'entraîneur. À ses côtés, Antoine (28 ans), un air un peu lunaire. Claude lève l'index :

CLAUDE
« Jouer au football est simple. Mais jouer simple est la chose la plus difficile du monde ». Johan Cruyff.

Un court temps. Puis, désignant Antoine :

CLAUDE
Bien. Je vous présente Antoine, mon neveu. Antoine va m'assister quelques mois pour découvrir les joies de l'encadrement sportif.

ANTOINE
Bonjour. Euh… Pour après le match, je vous ai préparé ma spécialité un moelleux chocolat-framboises.

Claude lui jette un œil l'air de dire « qu'est ce qu'il raconte ? ». Puis regarde l'équipe.

CLAUDE
Bon vu l'effectif du jour, on va adapter notre schéma tactique. Vous voyez en 73 quand l'Ajax a battu le Bayern…

Visiblement ça ne dit rien aux enfants. C'est alors que Théo, entre brusquement essoufflé et interrompt Claude.

THÉO
Désolé.

Il va s'asseoir à côté de Karim, soudain rayonnant.

2 **la soixantaine** environ soixante ans – 3 **un air lunaire** *ici:* extravagant – 3 **un index** le deuxième doigt de la main – 7 **désigner qn** montrer qn du doigt – 10 **les joies de l'encadrement sportif** *ici:* die Freuden des Trainerdaseins – 18 **un effectif** le nombre de joueurs présents – 21 **essoufflé, e** außer Atem – 24 **rayonner** sourire de joie

CLAUDE

Bon dépêche-toi Théo ! Du coup, je re-modifie mon dispositif. Diego tu repasses arrière gauche. Allez, on y va !

KARIM

Mec ! T'étais où ? J'ai flippé !

THÉO

Je suis venu à pied.

KARIM

Sérieux ?! Mais pourquoi ?

THÉO

Je sais pas, comme ça. J'ai couru. Ça me fait de l'exercice.

6 EXT. CLUB L'INTRÉPIDE FC. TERRAIN DE FOOT – JOUR

En plein match, Théo observe le jeu. L'air vif. Il bouge en essayant de se démarquer d'un adversaire d'un autre club régional. Il voit Karim prendre le ballon à un joueur adverse. Théo se met à courir très vite. Karim lui fait une passe. Théo récupère le ballon avec un très beau contrôle, puis dribble habilement les défenseurs. Il tire au but.

Cadré, mais le ballon frappe la transversale et sort.

Quelques applaudissements saluent l'action. Une trentaine de parents est venue assister à la rencontre. Tout comme

3 **un dispositif** ensemble de mesures prises (Maßnahmenpaket) – 15 **l'air vif** mit wachem Geist – 16 **se démarquer** sich freispielen – 16 **un adversaire** *ici:* joueur de l'autre équipe – 17 **adverse** → adversaire – 20 **habile** geschickt – 20 **défenseur** → défendre – 20 **tirer au but** aufs Tor schießen – 21 **une transversale** Latte

Romane (12 ans). Un mélange de fragilité et de maturité malgré son jeune âge. Assise sur le toit d'une bicoque, elle encourage Théo en sifflant entre ses doigts. Théo entend, lui sourit. Se remet en place en courant.

Sur le banc, Claude est assis aux côtés d'Antoine.

CLAUDE
Allez on remonte, on remonte ! C'est bien Théo !

(à Antoine)

Tiens apprends un truc. Le plus important au foot, c'est de sentir le jeu. Tu le vois lui ?

ANTOINE
Le plus petit ?

CLAUDE
Ouais. C'est peut-être le plus petit, mais il a un sacré pif.

L'action reprend. L'équipe adverse a le ballon et tente une percée vers le but de l'Intrépide. Théo remonte le terrain et pique le ballon à un adversaire. Il court en dribblant avant d'être violemment taclé par un adversaire. Un cri retentit avant même le coup de sifflet de l'arbitre.

LAURENT (OFF)
Enfoiré !

Théo se retourne pour découvrir Laurent (45 ans), silhouette massive, vêtu d'une chemise improbable. L'homme, excité, a bu. Théo détourne les yeux alors que Karim s'approche de lui.

1 **une fragilité** Zerbrechlichkeit – 1 **une maturité** Reife – 2 **malgré** trotz – 2 **une bicoque** *fam* Bruchbude – 3 **siffler** pfeifen – 14 **avoir un sacré pif** *fam* ein gutes Gespür – 16 **une percée** Schneise – 18 **tacler** grätschen, attackieren – 18 **retentir** erklingen – 19 **un arbitre** Schiedsrichter – 21 **enfoiré** *vulg* Idiot – 24 **détourner les yeux** regarder dans une autre direction

KARIM
Ah, ton père a fini sa sieste. Je comprends pourquoi t'es venu à pied, moi non plus je monterais pas en scooter avec lui…

LAURENT
Tu veux que je te tacle moi !

Sur son toit, Romane regarde Laurent. Elle soupire. L'arbitre ne donne pas de carton à l'adversaire.

LAURENT
Mais y'a carton là, bordel !

PÈRE BORD DU TERRAIN
Oh, laisse les gamins s'amuser au lieu de chercher la merde !

Claude jette un œil à Bruno (50 ans), un homme en costume, debout derrière. Ce dernier, le regard sombre, lui indique Laurent d'un signe de tête. Claude se lève sous le regard d'Antoine.

Laurent continue à s'agiter.

LAURENT
Oh, l'arbitre, là ! Oh !

Quelques parents soupirent en le regardant vitupérer. Théo est gêné par son père éructant.

LAURENT
Même un aveugle l'aurait vu putain ! Ça vaut un jaune !

Claude rejoint Laurent.

3 **un scooter** Motorroller – 8 **un carton (jaune / rouge)** *ici:* (gelbe / rote) Karte – 10 **bordel !** *vulg* verdammt! – 17 **s'agiter** se mettre en colère – 20 **vitupérer contre qn** schimpfen auf jdn – 21 **gêné, e** embarrassé (peinlich berührt) – 21 **éructant** *ici:* aufgebracht – 23 **un aveugle** une personne qui ne peut pas voir

CLAUDE
Oh Laurent, s'il te plaît.

LAURENT
Et toi tu dis rien ?

CLAUDE
Recommence pas. *(montrant Bruno)* Fais moi plaisir, le président du club est là aujourd'hui.

Laurent se calme un peu et regarde le match qui a repris.

CLAUDE
Reste bien de ce côté de la ligne ce coup-ci, hein.

Claude repart vers son banc alors que le match reprend.

LAURENT
Oh Claude ! Pourquoi tu le fais pas jouer à gauche ? C'est à gauche qu'il est le meilleur, tu le sais !

Claude se retourne.

CLAUDE
Il est excellent à gauche, excellent à droite. C'est un joueur complet ton fils, t'inquiète pas, va !

Laurent est touché. Claude repart content de l'avoir calmé.

LAURENT
Ouais mais bon, quand-même, à gauche, il est au top !

Claude lève les yeux au ciel. Une clameur et les deux hommes ont le regard attiré par le match qui se poursuit. Théo, balle aux pieds, file vers le but adverse. Laurent court l'encourager derrière la cage adverse.

19 **touché, e** gerührt – 22 **une clameur** des cris – 25 **une cage** Tor

LAURENT
Vas-y ! Vas-y !

Théo marque un superbe but.

LAURENT
Oui !!!!!

Théo célèbre son but en faisant une célébration du jeu Fifa, puis tombe dans les bras de Karim et d'autres coéquipiers.

Non loin de là, sur le bord du terrain, son père pousse un cri à la manière d'un youyou oriental, fait une petite danse.

LAURENT
Oh le but !!! Le but !!! *(à des parents)* C'est mon fils ! Théo !!

THÉO *(gêné)*
Papa…

LAURENT
T'es un champion mon fils !

Théo repart vers ses co-équipiers.

LAURENT
Hé !

Théo se retourne vers lui.

LAURENT
Excuse-moi pour tout à l'heure, j'avais un rendez-vous important.

Théo ne dit rien. Songeur.

Le jeu a repris. Karim récupère un ballon, cherche Théo. Théo se démarque d'un adversaire, appelle Karim qui lui

7 **coéquipier** → équipe – 9 **à la manière de qn/qc** wie jd/etw – 9 **un youyou oriental** un cri montrant de la joie – 23 **songeur** en train de réfléchir

fait la passe. Théo a récupéré le ballon. Court. Mais le même adversaire que précédemment le bouscule violemment. Il tombe.

LAURENT
Oh le fils de pute !

L'arbitre ne siffle pas.

LAURENT
Oh l'arbitre ! Carton rouge ! Le rouge, bordel ! Y'a faute ! Petit con !

Laurent entre sur le terrain. Immédiatement Claude accourt vers lui. L'arbitre fait de même. Claude et l'arbitre repoussent Laurent hors du terrain.

ARBITRE
Restez en dehors du terrain monsieur !

CLAUDE
Arrête Laurent !

LAURENT
Deux fois de suite, il veut lui péter le tibia ou quoi ?

Tous les gamins regardent la scène depuis le terrain. Un papa, physique costaud, qui assistait au match s'approche.

PÈRE SPECTATEUR
Arrête il fait exprès de tomber ton fils !

LAURENT
Tu veux que je te fasse tomber exprès moi ?

Karim porte la main à son front.

2 **bousculer** *ici:* rempeln, attackieren – 5 **le fils de pute** *vulg* Hurensohn – 8 **une faute** Foul – 18 **péter** faire éclater, détruire – 18 **un tibia** Schienbein – 20 **costaud, e** d'une grande force, robuste – 22 **faire exprès** etw. absichtlich tun – 25 **un front** Stirn

KARIM
Aïe… Aïe… Aïe…

Théo blêmit.

PÈRE SPECTATEUR
Tu nous les brises avec ton gosse là !

Brusquement, tel un taureau, Laurent se rue sur l'homme. Impossible pour l'arbitre et Claude de le retenir. Une bagarre éclate. Laurent fait tomber son adversaire au sol. Les coups pleuvent.

LAURENT
Là, je fais exprès, tu vois la différence ? Je fais exprès ! Et là je encore fais exprès !

Théo regarde tristement. Claude sépare les deux hommes.

CLAUDE
Ça suffit Laurent !

Laurent se relève, tente de se calmer, s'éloigne un peu.

PÈRE SPECTATEUR
Quel abruti, j'te jure ! Il pue l'alcool !

Alors Laurent fonce à nouveau sur l'homme. Claude fait un signe à Bruno de passer un coup de fil. La bagarre a repris. Laurent se prend un violent coup de poing au visage.

3 **blêmir** bleich werden – 5 **les briser à qn** *fam* énerver qn – 6 **un taureau** Stier – 6 **se ruer sur** sich stürzen auf – 7 **une bagarre** Schlägerei – 8 **Les coups pleuvent**. *ici:* Es hagelt Schläge. – 16 **s'éloigner** se porter plus loin – 18 **un abruti, e** *fam* Idiot – 18 **puer** sentir mauvais – 19 **foncer à nouveau sur** *ici*: attaquer encore une fois – 21 **un poing** Faust

7 EXT. CLUB L'INTRÉPIDE FC. ABORD DU TERRAIN. PARKING – JOUR

Alors que le car transportant l'équipe adverse repart, deux gendarmes recueillent le témoignage du père avec qui a eu lieu l'altercation. Théo, mine triste, les regarde, assis un peu plus loin sur un plot aux côtés de son père. Ce dernier se tient un chiffon contre son nez qui a saigné.

LAURENT
C'est un gros con ce mec. Déjà à l'usine personne pouvait le sacquer.

THÉO
C'est pas une raison pour te battre.

LAURENT
Y'avait faute, j'te jure.

THÉO
Arrête papa.

Laurent sort un sopalin de sa poche, le lui tend.

LAURENT
Je t'avais apporté un goûter…

Théo sourit. L'ouvre sur trois Chamonix écrasés.

THÉO
Merci.

4 **recueillir le témoignage** die Zeugenaussage aufnehmen – 5 **une altercation** bagarre, dispute – 6 **un plot** Betonblock – 7 **un chiffon** Tuch – 7 **saigner** bluten – 9 **un con** idiot – 9 **une usine** Fabrik – 10 **sacquer** *fam* supporter, tolérer qn – 17 **un sopalin®** Papiertuch – 19 **un goûter** Snack, Zwischenmahlzeit – 20 **des Chamonix** *une sorte de biscuits* – 20 **écraser** *ici:* zerdrücken

LAURENT
Bon il l'a écrasé ce con… Je te jure ! Les gars qui gâchent l'ambiance comme ça, moi ça me…

À la façon dont Théo le regarde, il réalise que mieux vaut se taire. Théo mange un biscuit. Laurent change de sujet.

LAURENT
C'était bien vos une-deux avec Karim. Ça les a déstabilisés.

Théo a un petit sourire complice.

THÉO
Surtout je me fais moins piéger en hors-jeu.

LAURENT
Par contre je t'ai déjà dit, fais plus de renversement de jeu, Théo. Pourquoi vous jouez toujours du même côté ? Faut créer des espaces, cherche la transversale.

Théo écoute intéressé.

THÉO
Oui mais bon c'est Lucas à gauche, en ce moment il est…

Il s'interrompt alors qu'arrive une belle voiture. Ils la regardent. Au volant Eric (40 ans). À ses côtés Chloé (40 ans), la mère de Théo.

LAURENT
Toujours là lui ? Ça commence à durer leur machin. Ça fait combien de temps maintenant ?

THÉO
Je sais pas, trois mois, peut-être quatre. On s'en fout non ?

2 **gâcher l'ambiance** die Stimmung verderben – 7 **un une-deux** einen Gegner mit gezielten Pässen zwischen zwei Spielern ausspielen – 10 **se faire piéger en hors-jeu** in die Abseitsfalle geraten – 12 **un renversement du jeu** changement de jeu – 22 **un machin** *ici:* une relation amoureuse – 25 **s'en foutre** *fam* ne pas s'y intéresser

LAURENT
Ça va, il est sympa avec toi ?

THÉO
(se levant) Presque trop… Salut.

LAURENT
Salut fils.

Chloé sort alors que Théo la rejoint.

LAURENT
Désolé hein, ils veulent pas que je raccompagne Théo au cas où j'aurais bu.

CHLOÉ
Au cas où ?

Laurent ne répond pas.

8 INT/EXT. VOITURE ERIC – JOUR

Théo s'installe à l'arrière, Eric lui passe un sachet.

ERIC
Tiens je t'ai acheté un pain au chocolat.

THÉO *(dépliant le sopalin)*
Merci. Mais mon père m'a donné un goûter.

ERIC
C'est quoi ?

THÉO
Des Chamonix.

Alors que Chloé entre et s'assied à l'avant :

15 **un sachet** Tüte

ERIC
Ah super, c'est trop bon les Chamonix !

Elle claque la portière fortement.

CHLOÉ
J'en peux plus de ses conneries.

ERIC
Euh, doucement s'il te plaît ma puce. C'est fragile ces p'tites bêtes là.

Elle lui lance un regard genre « c'est pas le moment là ».

CHLOÉ
Un après-midi avec toi par ci par là et même ça il est pas capable !

La voiture démarre. Théo se retourne pour regarder son père. Assis sur son plot, Laurent a l'air las. Théo mine soucieuse.

9 INT. APPARTEMENT THÉO. CHAMBRE – SOIR

Théo fait ses devoirs à son bureau sur lequel on aperçoit une photo. On l'y voit, âgé de huit ans, avec son père. Tous les deux rient. Souvenir d'un temps où Laurent avait l'air plus en forme qu'aujourd'hui. Sa mère entre en enfilant une veste.

CHLOÉ
Allez, on file !

7 **doucement** *ici:* Vorsichtig bitte! – 7 **ma puce** mon amour – 7 **fragile** empfindlich – 8 **une bête** *ici:* une voiture – 14 **las, -se** fatigué – 23 **filer** *fam* partir

Elle va tendrement embrasser son fils.

CHLOÉ
Tu finis tes devoirs. Pizza dans le congélo, bananes dans le frigo, tu te couches tôt. On rentre pas tard.

Eric apparaît dans l'encadrement de la porte.

ERIC
Et bravo pour le match, hein !

Théo ne répond pas. Eric lance un regard à Chloé qui le rejoint. Ils disparaissent dans le couloir. En off, Eric éteint et allume la lumière du couloir.

ERIC (OFF)
T'as vu ma puce, j'ai réparé. Clic-clac, ça marche !

Théo lève les yeux au ciel. La porte de l'appartement se referme. Théo regarde ses devoirs, referme son cahier.

10 INT. CHAMBRE ROMANE – NUIT

Romane est assise sur son lit en hauteur. Elle tortille un fil de fer à qui elle donne une certaine forme. Théo déambule dans la pièce en terminant une part de pizza.

THÉO *(imitant Eric)*
« T'as vu ma puce, j'ai réparé. Clic-clac, ça marche ! Super ! C'est trop bon les Chamonix écrabouillés ! Et bravo pour le match ! Même si j'y connais rien. » Pfff…

Romane rit. Théo prend un nouveau morceau de pizza.

1 **tendrement** avec amour – 3 **un congélo / congélateur** *fam* Gefriertruhe – 16 **tortiller un fil de fer** einen Eisendraht zwirbeln – 17 **déambuler** marcher en avant et en arrière – 21 **écrabouillé, e** zerquetscht

ROMANE

Et ton père, lui ? Toujours pas de meuf ?

Théo fait non de la tête et va s'asseoir sous le lit.

ROMANE

Je te jure quand je le vois je me dis que j'ai de la chance que le mien se soit barré. Il est complètement ouf !

THÉO

Arrête ! Il a pas toujours été comme ça. Il est dans une mauvaise passe.

ROMANE

Depuis deux ans ? C'est plus une mauvaise passe ça. Tu l'as vu aujourd'hui ? Ça va mal finir tout ça.

Un voile d'inquiétude assombrit Théo.

ROMANE

Mon père aussi il avait une « mauvaise passe ». Puis un matin il était plus là. Ma mère et moi on a plus jamais eu de nouvelles.

Théo affiche une mine soucieuse. Romane descend de son lit, va s'asseoir près de lui.

ROMANE

Allez, fais pas cette tête Fourmi !

THÉO

M'appelle pas comme ça !

2 **une meuf** *verlan* femme – 6 **se barrer** *fam* s'en aller (abhauen) – 6 **ouf** *verlan* fou – 9 **être dans une mauvaise passe** être dans une situation mauvaise – 13 **un voile d'inquiétude** ici: ein besorgter Blick – 21 **une fourmi** Ameise / *ici:* surnom pour Théo

ROMANE
Te prends pas la tête avec ton père. Les parents c'est juste des gens comme les autres. Quand t'as compris ça, t'arrêtes de t'attendre à des trucs genre… genre… enfin tu t'attends plus à rien. C'est mieux comme ça… Fourmi.

Théo lui lance un regard agacé. Elle rit, lui attrape des mains un morceau de pizza qu'elle mange.

11 INT. BAR DE BANAL – NUIT

L'œil vitreux, Laurent boit un verre d'alcool au comptoir d'un bar d'habitués à la clientèle populaire. Il a noué un bandage autour de sa main, séquelle de la bagarre. Une TV sans le son diffuse du foot dans un coin. Des conversations se superposent, des silhouettes passent. Un vieil homme gratte des jeux d'argent, un autre récupère des pintes et lance une vanne à une femme au comptoir.

Derrière le zinc, Banal, le patron sert de l'alcool en discutant avec deux clients. L'un d'eux, quinquagénaire, désigne des photos, accrochées au mur derrière le zinc, qui témoignent d'une ancienne lutte syndicale ouvrière à l'usine de la ville. On y aperçoit notamment Laurent en gilet fluo.

CLIENT COMPTOIR 1 *(à son voisin)*
Mais pourquoi tu t'es rasé ? Regarde t'étais bien avec la barbe.

2 **se prendre la tête** *fam* sich den Kopf zerbrechen – 9 **vitreux** glasig – 10 **un habitué** client qui vient régulièrement – 11 **une séquelle** conséquence – 12 **diffuser** ausstrahlen – 14 **une pinte** *ici:* un verre – 15 **lancer une vanne à qn** faire une blague (witzeln) – 16 **le zinc** *ici:* Tresen – 17 **un quinquagénaire** personne âgée de cinquante à cinquante-neuf ans – 18 **témoigner de qc** *ici:* montrer qc – 19 **une lutte syndicale** Gewerkschaftskampf – 19 **ouvrier, -ière** Arbeiter – 20 **un gilet fluo** Leuchtweste – 23 **une barbe** Bart

BANAL *(taquin)*
Il a voulu faire comme Francky, pour retrouver du boulot.

CLIENT RASÉ
Comme Francky ? Intérimaire à 80 bornes d'ici, c'est pas retrouver du boulot ça. C'est continuer à se faire mettre.

LAURENT
T'as raison !

Il finit son verre. Fait signe à Banal de le resservir.

CLIENT RASÉ *(touchant son visage)*
Non je me suis rasé parce que ça me va mieux.

Laurent le regarde.

LAURENT
Ben non, ça te va pas mieux. Excuse-moi, hein.

Banal et l'autre client se marrent. Claude et Antoine entrent, cherchent Laurent du regard, le repèrent. Au comptoir la conversation se poursuit. Banal ressert Laurent.

BANAL
En même temps la barbe ça pique et quand t'es rasé ça pique plus.

LAURENT
Ah là c'est une de tes meilleures. Dis Banal, celle-là on va la noter.

Laurent boit alors que Claude les rejoint. Antoine en retrait.

1 **taquin, e** neckend – 2 **un boulot** *fam* travail – 4 **un, une intérimaire** Zeitarbeiter – 4 **une borne** *fam* kilomètre – 5 **se faire mettre** *ici:* sich ausbeuten lassen – 14 **se marrer** *fam* rire fort – 15 **repérer qn** voir, trouver – 16 **se poursuivre** continuer – 23 **en retrait** *ici:* im Hintergrund

CLAUDE
Je peux te parler ?

LAURENT
Ok.

Laurent fait signe à Banal de préparer des verres. Peu après, les trois hommes sont attablés devant des verres.

CLAUDE
Avec le sponsor qu'on a perdu, c'est déjà duraille. Si là dessus, la mairie nous supprime les subventions, y'a plus de club. L'Intrépide est mort.

LAURENT
Ils feront jamais ça.

CLAUDE
Ils peuvent oui. C'est chaud entre eux et le président. Et t'admettras que tu nous facilites pas la tâche.

LAURENT
Y'avait faute bordel !

CLAUDE
C'est pas moi qui choisis les arbitres, je les connais pas. Mais toi, je te connais et je te demande de plus venir aux matchs.

LAURENT
Non mais tu rêves ? Et Théo ?

6 **être attablé, e** être à table – 8 **duraille** difficile, dur – 9 **supprimer** *ici:* streichen – 9 **une subvention** une aide financière – 14 **chaud, e** *ici:* hitzig, angespannt – 15 **ne pas faciliter la tâche** *ici:* es nicht leichter machen

CLAUDE
C'est pour lui que je te dis ça. Tu crois qu'il joue mieux quand tu pètes un câble ?

LAURENT
Ah non, non, pas la leçon du père Claude.

Laurent prend sa bière, se lève. Claude le retient.

CLAUDE
Tu lui rends pas service.

Laurent se détache et s'éloigne.

ANTOINE
Surtout en ce moment…

Claude fusille Antoine du regard. Ce dernier comprend qu'il a fait une gaffe. Laurent s'arrête et se retourne. Antoine boit une gorgée comme si de rien n'était. Laurent se rassied.

LAURENT
Quoi en ce moment ?

Il regarde Antoine. Claude soupire. Il hésite.

CLAUDE
T'en causes à personne, surtout pas à Théo. Tu promets ?

Laurent acquiesce.

3 **pêter un câble** *fam / idiom* durchdrehen vor Wut – 6 **retenir qn** jdn zurückhalten – 8 **rendre service à qn** jdm einen Gefallen tun – 12 **fusiller qn du regard** jdm vernichtende Blicke zuwerfen – 13 **faire une gaffe** faire une faute – 14 **une gorgée** Schluck – 17 **hésiter** zögern – 19 **causer de qc** *ici:* parler de – 20 **acquiescer** accepter

12 EXT/INT. PETIT PAVILLON TANTE LAURENT. PIECE PRINCIPALE – NUIT

Laurent, souriant, ouvre la porte d'un modeste pavillon. Entre dans la pièce principale. La télé est allumée sur un documentaire animalier.

LAURENT
Tatie !… Tu devineras jamais ce que j'ai appris ?

Laurent s'avance et découvre, sa grande-tante (80 ans), endormie dans son fauteuil devant la télé. Il pioche un Chamonix dans la boîte ouverte sur la table basse, s'assied dans un autre fauteuil et regarde le documentaire animalier.

13 EXT. COLLEGE – JOUR

La sonnerie retentit dans la cour d'un collège.

14 SUPPRIMÉE

15 EXT. COLLÈGE. COUR – JOUR

Théo rejoint Karim et Romane qui sortent dans la cour.

LAURENT (OFF)
Oh Théo !

Théo se retourne et aperçoit son père derrière les grilles.

4 **allumer** ≠ éteindre (laufen, eingeschaltet sein) – 7 **une tatie** *fam* tante – 9 **piocher** *fam* herauspicken – 20 **une grille** Gitter, Zaun

UN COLLÉGIEN
Oh, putain tous aux abris, y'a le père de Théo ! Vite ! Jetez-lui de l'alcool pour le calmer !

Théo se retourne, jette un regard noir au collégien avant de se diriger vers son père. Théo arrive à la grille

THÉO
Qu'est ce que tu fais là ?

LAURENT *(excité)*
Ecoute moi, écoute moi, concentre-toi. La semaine prochaine les Anglais d'Arsenal viennent jouer en France un match de Ligue des champions.

Théo acquiesce.

LAURENT
Et la veille les U13 de Lille viennent jouer ici contre vous ?

THÉO
Oui ?...

LAURENT
OK. Et qui viendra assister à votre match ? Pour te regarder jouer.

THÉO
Ben toi comme toujours.

LAURENT
T'es con. Un recruteur d'Arsenal.

Laurent s'éloigne un peu. Théo vient se coller aux barreaux.

THÉO
Quoi ?

2 **Tous aux abris !** Alle in Deckung! – 23 **un recruteur** Talentscout

LAURENT

Tu sais, c'est pas compliqué. Les grands clubs, ils ont tous des gars qui rôdent dans toute l'Europe pour repérer les jeunes talents. Claude pense qu'un repéreur a parlé de toi à Arsenal. Et maintenant un recruteur va venir.

Théo reste comme interdit. Comme s'il enregistrait l'info.

LAURENT

Non mais tu percutes ? Le centre de formation d'Arsenal, l'un des plus grands clubs du monde ! Et ça te fait rien ?

THÉO

Ben si si. Ça veut pas dire qu'il va me prendre. Y'en a d'autres des bons joueurs.

Laurent s'emballe, s'éloigne un peu de la grille.

LAURENT

Des comme toi ? Tu te fous de ma gueule ? T'es excellent à droite ! T'es excellent à gauche ! T'es un joueur complet ! Je le dis tout le temps ! Putain Théo c'est une chance unique de sortir de ce trou !

THÉO

J'aime bien moi ici. C'est chez moi.

LAURENT

Mais y'a rien ici. Plus rien ! C'est la zone.

Il rejoint Théo, se baisse à sa hauteur.

3 **rôder** umherstreifen – 4 **un repéreur** → **repérer** trouver – 6 **interdit, e** *ici:* sprachlos – 6 **enregistrer** speichern – 8 **percuter** *fam* comprendre – 13 **s'emballer pour qc** *fam* s'enthousiasmer pour qc

LAURENT

Non, les autres resteront, mais toi tu partiras. T'as de l'or dans les pattes ! Ça peut changer ta vie !

THÉO

Mais j'ai pas envie de partir tout seul en Angleterre moi.

LAURENT

Ben non faut que tu partes avec quelqu'un de ta famille.

(réalisant)

Hé ? Ça pourrait même être moi ?! Ça serait génial non ! Non mais imagine, on serait, je serais…

Théo n'a jamais vu son père aussi excité.

De là où ils sont, Romane et Karim se demandent ce que Laurent très volubile raconte à son fils.

Laurent revient vers sa Vespa. De son côté, Théo le suit.

LAURENT

Bon allez, Faut que je me tire. Si ta mère apprend qu'on m'a vu ici… Hou la !

Il attrape sa Vespa posée contre la grille. Il s'assied sans casque sur la vieille Vespa. La démarre.

LAURENT

Hé, surtout motus ! Et tu dis pas à Claude que je t'en ai parlé. Salut.

Il démarre.

2 **l'or** *m* Gold – 3 **une patte** *fam* jambe – 13 **volubile** qui parle beaucoup – 16 **s'en tirer** *fam* s'en aller – 19 **un casque** Helm – 21 **motus** *interj* Mund halten

LAURENT
Hé regarde, je commence déjà à rouler à gauche.

Théo sourit, le regarde s'éloigner à gauche. Puis prend un air songeur en pensant à ce qu'il vient d'apprendre. Une voiture klaxonne. On reste sur Théo songeur.

16 EXT. CLUB L'INTRÉPIDE FC. TERRAIN DE FOOT – JOUR

Antoine termine d'accrocher le nom du Sporting de Lille sous le mot « Visiteurs » sur le panneau d'affichage. Sur le terrain près de lui, Claude échauffe l'équipe en leur faisant faire des pas chassés. Alors que Théo passe près de lui :

CLAUDE
T'es en forme Théo ?

Théo fait un petit signe de tête.

CLAUDE
Allez ! Au vestiaire !

Les enfants s'éloignent en courant. Antoine rejoint Claude.

ANTOINE *(à voix basse)*
Le recruteur, il est là tu penses ?

CLAUDE
Je sais pas. Lui peut-être ?

Il désigne un homme en costume qui téléphone.

5 **klaxonner** hupen – 9 **un panneau d'affichage** Anschlagetafel – 10 **échauffer** aufwärmen – 11 **un pas chassé** Seitgalopp / Wechselschritt – 16 **un vestiaire** lieu dans un stade où on peut se changer

CLAUDE
Va jeter un œil.

Antoine s'éloigne. Claude entend un bruit de moteur. C'est le beau car de Lille qui roule vers le parking.

17 EXT. CLUB L'INTRÉPIDE FC. TERRAIN DE FOOT – JOUR

L'homme en costume tape des SMS. Ne s'intéresse pas à Antoine qui, un gâteau dans un plat, s'approche mal à l'aise. L'homme range son téléphone, l'aperçoit, le regarde étrangement.

ANTOINE
Hello. Sunny day no ?

HOMME EN COSTUME
Hum, hum.

ANTOINE
You want some cake ? It's a far aux pruneaux.

HOMME EN COSTUME
Excusez-moi. Vous êtes qui exactement ?

18 EXT. CLUB L'INTRÉPIDE FC. PARKING – JOUR

L'équipe de Lille et son entraîneur sont descendus du car. Tous les joueurs portent le même beau sac de sport.

2 **jeter un œil** regarder – 8 **mal à l'aise** gêné, un peu embarrassé – 9 **apercevoir qn** voir qn – 16 **un far aux pruneaux** Pflaumenkuchen

D'évidence l'équipe est plus riche.

CAPITAINE LILLE *(à un de ses coéquipiers)*
Ça craint ici, j'espère qu'il y a pas de rats dans les vestiaires.

Ils croisent Claude. L'entraîneur de Lille s'approche. Les deux hommes se serrent la main.

ENTRAÎNEUR LILLE
Ça va mon Claude ?

CLAUDE *(taquin)*
Ah avec vous ce qui est bien, c'est qu'on voit le pognon. Le car de compétition !

ENTRAÎNEUR LILLE *(souriant)*
Cherche pas d'avance à justifier ta défaite.

CLAUDE
On vous a laissé le vestiaire de droite.

L'entraîneur quitte Claude et croise Antoine qui arrive.

CLAUDE
Alors ?

ANTOINE
C'est pas lui.

Claude remarque le gâteau que tient Antoine. Une part manque.

CLAUDE
Et ça, c'est quoi ?

1 **d'évidence** visiblement (offensichtlich) – 3 **Ça craint ici!** *fam* Ganz schön runtergekommen hier! – 9 **le pognon** *fam / sans pluriel* argent – 12 **justifier** rechtfertigen – 12 **une défaite** ≠ succès – 15 **croiser qn** rencontrer qn sur son chemin

ANTOINE
Alors ça c'est un far aux pruneaux.

CLAUDE
Ça ne va pas du tout.

ANTOINE
Oui, je sais. Je l'ai trop cuit je crois.

CLAUDE
Antoine ?

ANTOINE
Oui ?

CLAUDE
Rappelle moi, tu l'as raté combien de fois ton CAP pâtisserie ?

ANTOINE
Deux fois tonton.

CLAUDE
Alors Un, ici tu m'appelles pas tonton. Deux, ici tu arrêtes les gâteaux. Trois, ici tu es là pour…

ANTOINE *(le coupant, comme récitant)*
Découvrir les joies de l'encadrement sportif.

Retentit un bruit de corne de brume. Ils se retournent pour découvrir Laurent qui traverse le parking. Il ne les voit pas. Claude lève les yeux au ciel.

LAURENT
L'intrépide FC ! L'Intrépide !

6 **cuire** backen – 12 **CAP** Abschluss einer Berufsausbildung – 15 **un tonton** *fam* oncle – 17 **Un…, deux…, trois…** *ici:* Erstens…, zweitens…, drittens… – 23 **lever les yeux au ciel** flehentlich zum Himmel blicken

CLAUDE *(à Antoine)*
Reste avec lui. Faut qu'il se tienne à carreau.

Antoine brusquement inquiet de la mission qui lui est confiée. Claude le regarde partir vers Laurent. Il aperçoit alors deux hommes sortir d'une grosse voiture. L'un d'eux est au téléphone. Pour Claude, pas de doute, le recruteur vient d'arriver.

19 INT. CLUB L'INTRÉPIDE FC. VESTIAIRE – JOUR

L'index levé Claude délivre sa citation du jour :

CLAUDE
« Celui qui pense que la victoire ne compte pas, ne gagnera jamais rien ». Pelé. Allez, restez concentrés. Ces gars là nous méprisent. Vous laissez pas faire ! Ce match est gagnable !

Le visage de Théo très concentré parmi l'équipe regroupée en rond. En off, le coup de sifflet de l'arbitre.

20 EXT. CLUB L'INTRÉPIDE FC. TERRAIN DE FOOT – JOUR

Le coup d'envoi a été donné. On suit le ballon dans le pied des joueurs. Laurent, fébrile, « escorté » par un Antoine qui n'en mène pas large, suit son fils du regard. Théo observe le jeu. On suit Théo dans plusieurs de jeu. L'équipe adverse

2 **se tenir à carreau** vorsichtig sein – 14 **mépriser qn** ≠ aimer qn – 20 **un coup d'envoi** Anpfiff

est coriace. Théo est très bon, se donne à fond, même si on le voit notamment manquer une tête à cause de sa taille. Depuis son banc Claude l'observe. C'est également le cas du recruteur, l'un des deux hommes sortis de la voiture. Installé parmi des spectateurs, il prend des notes sur un calepin. Son interprète est à ses côtés. Claude observe également le recruteur.

Après avoir indiqué 1 – 0 pour l'adversaire, le tableau des scores indique 2 – 0 pour Lille. L'arbitre siffle la fin du match. Théo, tout comme ses co-équipiers, est très déçu. Le capitaine de Lille fait un geste de frime, tape dans la main d'un partenaire. Ils passent devant Théo sans le regarder. Ce dernier, très déçu, regarde vers son père.

Sur le bord du terrain, Laurent fulmine. Antoine s'inquiet.

LAURENT
Merde. Putain de putain de putain de putain ! Pas aujourd'hui. Merde !

Il bouillonne. Antoine n'en mène pas large à ses côtés.

ANTOINE
Un peu de far breton ?

Laurent lui jette un regard noir. Il pourrait le dévorer. Claude, déçu, regarde le recruteur qui range son calepin.

Théo jette un regard triste à son père et part aux vestiaires suivi de Karim.

1 **coriace** unnachgiebig, unerbitterlich – 1 **se donner à fond** faire de son mieux – 2 **manquer une tête** einen Kopf kleiner sein – 6 **un calepin** carnet – 6 **un/une interprète** Dolmetscher/in – 11 **faire un geste de frime** *ici :* eine Show abziehen – 14 **fulminer** se mettre en colère – 16 **Putain !** *vulg* Verdammter Mist! – 17 **Merde !** *vulg* Scheiße! – 18 **bouillonner** *ici:* être très en colère – 18 **ne pas en mener large** *fam* es mit der Angst zu tun bekommen – 21 **dévorer qn** *ici:* vor lauter Wut auf jdn losgehen

21 INT. CLUB L'INTRÉPIDE FC. VESTIAIRE – JOUR

Théo, dépité, est perdu dans ses pensées, assis parmi l'équipe déçue.

CLAUDE
Bon, on perd un premier match cette saison. On savait que Lille était l'équipe la plus solide du championnat. Ils prennent la tête. On aura notre revanche.

Antoine apparaît derrière lui à la porte.

ANTOINE *(allant pour dire Tonton)*
Ton… *(se reprenant)* Claude !

Claude se retourne. Derrière Antoine : l'interprète. Théo regarde Claude qui va échanger quelques mots avec les deux hommes. Puis l'entraîneur se retourne.

CLAUDE
Théo, viens, s'il te plaît.

Théo traverse le vestiaire sous le regard interrogateur de Karim et des autres. Claude l'entraîne dehors avec l'interprète. Antoine reste dans le vestiaire.

22 EXT. CLUB L'INTRÉPIDE FC. ENTRÉE BÂTIMENT VESTIAIRE – JOUR

Laurent, sombre, est appuyé à une barrière au bord du terrain. Plus loin sur le terrain, le recruteur fait les cent pas sur la pelouse, regardant sa montre. Théo arrive avec

3 **dépité, e** enttäuscht – 22 **appuyé, e à qc** posé contre qc – 23 **faire les cent pas** umhergehen, auf und ab gehen – 24 **une pelouse** Rasen

Claude et l'interprète. Il aperçoit son père. Accompagné de l'interprète, il poursuit sa marche vers le recruteur.

Laurent se redresse comprenant que quelque chose se passe, d'autant plus qu'il voit Claude s'approcher de lui.

CLAUDE
Le type d'Arsenal veut lui parler. Théo y va avec un interprète.

Laurent s'anime, regarde Théo qui s'approche de l'anglais.

LAURENT
C'est pas vrai. Oh putain, oh putain ! Mon Théo !

Théo se retourne, voit Laurent dresser son pouce. Sourires. Laurent veut aller le rejoindre. Claude le retient.

LAURENT
Dis, c'est mon fils, oh !

Il voit Théo serrer la main du recruteur qui parle.

CLAUDE *(ferme)*
Toi, tu bouges pas une oreille ! Les recruteurs cherchent à évaluer les gamins, leur maturité, leur culot. Et puis tu pues l'alcool !

LAURENT *(niant l'évidence)*
Moi ? Non, pas du tout.

De là où il est, Laurent peine à contenir son impatience. Il ne voit son fils que de dos.

4 **d'autant plus que** zumal – 8 **s'animer** *ici:* devenir actif et agité – 11 **dresser son pouce** seinen Daumen aufstellen – 17 **chercher à faire qc** essayer de faire qc – 18 **le culot** Dreistigkeit – 20 **nier qc** etw leugnen – 22 **peiner à contenir son impatience** *ici:* sich kaum zurückhalten können

LAURENT
À ton avis il lui dit quoi ?

CLAUDE
Qu'est ce que tu veux que j'en sache ?

Sur la pelouse, Théo écoute le recruteur qui finit une phrase en anglais. L'interprète traduit.

INTERPRÈTE
Il dit qu'il avait entendu des choses positive sur toi. Et qu'il comprend car vraiment tu as du style. Mais maintenant qu'il te voit de près, tu lui parais encore plus petit que pendant le match.

Théo s'assombrit.

INTERPRÈTE
Et ça c'est un problème pour un club comme Arsenal. Il ne recrute dans leur centre de formation que des joueurs de grande taille. Même à ton âge.

Théo se retourne, jette un œil à son père qui le regarde fébrilement, puis s'adresse au recruteur.

THÉO
Mais je vais grandir. Et puis Messi ou Griezmann, eux aussi ils sont petits.

L'interprète va pour traduire mais le recruteur l'interrompt. Il dit quelques phrases en anglais. L'interprète traduit.

INTERPRÈTE
J'aurais parié que tu dirais ça. Tous les garçons de petite taille disent ça.

12 **s'assombrir** s'inquiéter, être soucieux – 16 **une taille** grandeur – 18 **fébrilement** d'un air nerveux et agité – 25 **parier** wetten

Un portable sonne. Pendant que l'interprète continue à traduire, le recruteur décroche son téléphone. Dit quelques mots à son interlocuteur tout en regardant sa montre.

INTERPRÈTE
Continue à progresser, à travailler ton potentiel.

Théo semble très déçu. Le recruteur a raccroché. Il sort son portefeuille. Il en retire une carte de visite.

Laurent voit le recruteur tendre une carte à Théo et lui dire quelques mots. Il serre le poing. Ses yeux pétillent.

LAURENT
Yes !

Retour à Théo et le recruteur. L'anglais termine une phrase.

INTERPRÈTE
Je suis très pressé. Donne ça à ton entraîneur, s'il veut plus d'explications qu'il m'écrive.

Le recruteur fait signe à l'interprète, il faut y aller.

RECRUTEUR
Nice to meet you Théo.

Laurent impatient. Théo lui tourne toujours le dos. Il le voit serrer la main du recruteur avant que ce dernier ne s'éloigne vers sa voiture, à l'opposé du groupe de Laurent.

INTERPRÈTE
Au revoir Théo.

L'interprète emboîte le pas du recruteur et adresse un signe d'au revoir à Claude.

5 **progresser** Fortschritte machen → progrès – 9 **serrer le poing** die Faust ballen – 9 **pétiller** funkeln – 16 **faire signe à qn** jdm ein Zeichen geben – 24 **emboîter le pas de qn** suivre qn

Théo les voit s'éloigner, puis il regarde la carte de visite. Il se tourne vers son père, puis de nouveau vers le recruteur. On entend les portières d'une voiture claquer.

Le temps est comme suspendu un court instant. Alors qu'on entend la voiture du recruteur démarrer, Théo se retourne à nouveau. Il regarde son père qui, bouillant d'impatience, a passé la barrière. Théo se dirige vers lui, carte de visite en main. Père et fils traversent le terrain l'un vers l'autre.

LAURENT
Alors ?

Un court temps. Théo le regarde, puis sourit et lâche :

THÉO
C'est bon. Il m'a sélectionné.

Gros plan sur Laurent qui reste sans voix. Bouleversé.

Du bord du terrain, Claude voit Laurent qui s'assied, puis s'allonge sur le dos, lève les bras au ciel et pousse un cri de joie. Claude part vers eux.

23 INT. APPARTEMENT THÉO. CHAMBRE THÉO – JOUR

Théo, angoissé, fait les cent pas, ballon en main. Il réfléchit à ce qu'il a fait. Bientôt, il jette le ballon et s'assied sur son lit, se prend la tête dans les mains.

3 **claquer (une portière)** fermer avec un bruit – 6 **bouillir d'impatience** vor Ungeduld brennen – 13 **sélectionner qn** choisir qn – 14 **bouleversé, e** aufgewühlt

Plus tard. Théo, collé au mur, a posé la lame d'un couteau au sommet de son crâne. La pointe est plantée dans le mur. Théo s'écarte, se retourne, tire le mètre qu'il tenait dans sa main et mesure sa hauteur. Il inscrit une marque sur le mur.

24 INT. APPARTEMENT THÉO. COULOIR + CUISINE – JOUR

Théo marche vers la cuisine, entre, va pour ouvrir le frigo. Il détache du magnet du frigo le mot laissé par sa mère. « Pâtes dans bol + jambon. Love ». Il ouvre le frigo, attrape une boisson quand l'interphone sonne.

25 INT. APPARTEMENT THÉO. ENTRÉE – JOUR

Théo décroche l'interphone.

THÉO
Oui ?

KARIM (OFF)
Euh Théo. C'est Karim.

THÉO
Hein ?

Karim parle à l'interphone.

KARIM (OFF)
Tu peux descendre s'il te plaît. C'est ton père.

1 **une lame** Klinge – 2 **un crâne** tête – 3 **un mètre** Maßband – 4 **une °hauteur** taille, grandeur – 4 **inscrire une marque** Markierung setzen – 11 **un interphone** Gegensprechanlage

THÉO
Quoi mon père ?

KARIM (OFF)
Euh…Il…Il a pété les plombs.

26A EXT. RUE VILLE – JOUR

Théo et Karim courent dans la ville.

26B EXT. BAR DE BANAL – JOUR

Ils débouchent en courant près du bar qui semble vide.

THÉO
Ben y'a personne ?

KARIM
Non, non il est là.

Ils avancent vers la porte que Théo pousse. Il…

27A INT. BAR DE BANAL – JOUR

… entre. Brusquement les lumières s'allument. Un son de corne de brume retentit. Laurent, tous les habitués du bar, quelques membres de l'équipe, surgissent de leurs cachettes et de derrière le comptoir Tout le monde applaudit Théo qui se fige mal à l'aise. Karim, content, s'approche de lui en applaudissant aussi. Laurent, bière dans une main, corne de brume dans l'autre lève les deux bras en l'air.

4 **péter les plombs** *fam* einen Ausraster kriegen, ausflippen – 8 **déboucher** *ici:* arriver – 13 **avancer** *ici:* aller en direction de – 15 **brusquement** tout à coup, soudain – 16 **une corne de brume** Nebelhorn – 17 **surgir de son cachette** aus dem Versteck kommen – 18 **un comptoir** Theke – 19 **se figer** erstarren

LAURENT
Yeah ! Arsenal a choisi mon fils. Mon fils ! Le mien !

Laurent lève les bras en l'air pour lancer la musique.

On découvre alors trois musiciens qui entament un air festif. Tout le monde danse. Laurent pose son verre et sa corne de brume, s'avance vers Théo. Ce dernier se tourne vers Karim.

THÉO
« Pété les plombs », hein…

KARIM *(petit sourire gêné)*
Désolé, j'ai pas trouvé mieux…

Théo tourne la tête vers son père qui fonce sur lui.

THÉO
Papa… heu…

Mais déjà son père le soulève par la taille et tourne avec lui. D'abord crispé, Théo se détend et sourit devant la joie de son père. Puis Laurent le hisse sur ses épaules. Le voilà qui danse avec lui au milieu de l'assistance.

Tous les entourent en frappant des mains. C'est joyeux. Sur les épaules, Théo semble réfléchir avant de sourire à nouveau. De derrière le comptoir, Banal prend une photo.

3 **lancer** faire commencer – 4 **entamer** *ici:* anstimmen – 4 **un air** mélodie – 12 **foncer sur qn** zustürmen auf jdn – 15 **soulever** porter vers le haut – 16 **crispé, e** énervé, agacé – 16 **se détendre** sich entspannen – 17 **hisser** monter – 17 **une épaule** Schulter – 19 **joyeux, -euse** → joie

27B INT. BAR DE BANAL – JOUR

Plus tard dans la soirée. C'est désormais un CD qui diffuse de la musique. Des convives dansent encore, d'autres boivent et grignotent charcuteries et fromages. Théo traverse la salle et se dirige vers Karim en train de finir une limonade au comptoir près d'un client qui passe une commande.

CLIENT COMPTOIR 2
Mets moi une pinte Banal.

THÉO *(à Karim)*
Viens !

Ils amorcent un mouvement de départ mais Karim retient Théo.

KARIM
Hé, pourquoi on l'appelle Banal le patron ?

THÉO
Il dit que des banalités. C'est mon père qu'il lui a donné ce surnom.

Derrière eux Banal dit à un client.

BANAL
La musique ça fait bien danser.

Karim sourit alors qu'ils s'éloignent avec Théo.

Debouts contre un mur, Claude et Antoine regardent la fête.

CLAUDE
T'as pas fait un gâteau ?

2 **désormais** maintenant – 4 **grignoter** manger des petites choses – 4 **une charcuterie** Wurst(-waren) – 6 **passer une commande** eine Bestellung aufgeben

ANTOINE
Ben non. Tu m'as dit que…

CLAUDE
Oui mais là c'est…

28 EXT. BAR BANAL – JOUR

Théo et Karim s'appuient sur la rambarde de la terrasse.

KARIM
Je suis content pour toi mec, hein. Mais j'avoue que je sais pas comment on va jouer sans toi l'année prochaine.

THÉO
T'inquiète pas, je suis pas pris.

KARIM
Hein ?

THÉO
Je suis pas sélectionné. Le recruteur a dit que j'étais trop petit.

KARIM
No comprendo.

THÉO
Il m'a pas recruté. J'ai menti.

KARIM *(réalisant)*
Oh putain, le « malade mental » c'est comme ça que je vais te surnommer moi. Mais regarde les tous là comme ils sont !

6 **une rembarde** Geländer – 8 **avouer** admettre (zugeben)

Il désigne la fête qui continue à l'intérieur.

THÉO
Chut, chut.

KARIM
Mais pourquoi t'as fait ça mec ? T'es maso.

THÉO
Je sais pas. Quand j'ai vu la tête de mon père, j'ai pas voulu le décevoir.

KARIM
Oh la la… t'imagines comme tu vas prendre cher quand tu vas aller leur dire là.

THÉO
Je vais pas leur dire.

Karim blêmit.

KARIM
Hein ? Va me chercher un whisky s'te plaît.

La voix de Laurent se fait entendre du café.

LAURENT (OFF)
Arsenal !!!

Théo et Karim se retournent vers le café. Théo désigne son père qui, dans le bar, un verre à la main, semble heureux en pleine conversation avec des habitués.

THÉO
Regarde le là. Ça fait des années que je l'ai pas vu comme ça.

Théo ne quitte pas son père des yeux.

1 **désigner qc** montrer qc du doigt – 5 **maso(chiste)** ein Masochist sein, sich selbst gerne quälen – 10 **prendre cher** teuer bezahlen

THÉO

J'ai pas été pris aujourd'hui mais y'a peut-être un truc que je peux réussir.

KARIM

Tu vas rien réussir du tout ouais. Le type va prévenir le club qu'il t'a pas pris. Comment tu vas faire ?

THÉO

Je vais trouver. Mais surtout toi t'en parle à personne !

KARIM

Euh… Même à Romane ?

THÉO

Surtout pas à Romane. Elle déteste les mensonges, tu sais bien. Elle va me harceler pour que je dise la vérité.

KARIM

Ah c'est sûr, elle va te prendre la tête.

THÉO

Bon tu vas m'aider. OK ?

Karim acquiesce mais semble embêté. Théo va pour retourner vers le bar quand Karim l'interpelle.

KARIM

Mais euh… Y'a un problème…

Théo se retourne.

KARIM

Faut que je t'avoue un truc, je suis nul en mytho. Je sais pas du tout mentir.

5 **prévenir** informer – 12 **un mensonge** → mentir – 13 **harceler** bedrängen – 18 **embêté, e** énervé, contrarié – 19 **interpeller** unterbrechen – 24 **une mytho(manie)** tendance systématique de dire des mensonges

THÉO
Hein ?

KARIM
Vas y, essaye !

THÉO
Alors Karim, c'est dingue ton pote a été recruté ?

Karim se gratte la gorge. Puis, fébrile il se met à parler vite, en touchant son visage avec sa main.

KARIM
Ah ah ah. Bien sûr qu'il a été recruté à Arsenal mon super ami Théo. J'irai le voir. Je prendrai sûrement l'Eurostar, le tunnel sous la Manche pour aller en Angleterre. Je mangerai un sandwich dans le train. Puis j'arriverai…

THÉO
Attends, attends, pourquoi tu racontes toute ta vie là ?!

KARIM *(honteux)*
Tu vois.

Théo soupire.

THÉO
Bon écoute, si on t'interroge, tu inspires profondément. Tu laisses tes mains dans le dos. Et, hop, tu balances une phrase courte genre : « oui, c'est super l'Angleterre ». Compris ?

Karim acquiesce.

6 **dingue** fou, incroyable – 7 **se gratter la gorge** sich am Hals kratzen – 21 **balancer** *fam ici:* (Satz / Phrase) hinschleudern

29 INT. BAR BANAL – NUIT

La fête est finie. Banal est en train de passer un coup de balai. Un des habitués termine un dernier verre au comptoir.

BANAL
Quand on nettoie, c'est plus propre.

Théo, qui a cherché son blouson va retrouver son père assis sur une chaise. La mine d'un homme qui a trop bu.

THÉO
Je vais rentrer.

LAURENT
Ça fait longtemps qu'il y pas eu une ambiance comme ça ici. C'était top, hein ?

Théo acquiesce.

THÉO
Tu sais, pour l'Angleterre, Maman avec son nouveau travail à la clinique ça m'étonnerait qu'elle soit d'accord pour y aller. Moi ça me dit si c'est toi.

LAURENT
Tu sais faut pas rêver.

THÉO
Hein ? L'autre jour tu disais que t'avais hyper envie de…

LAURENT
Ah ouais ça j'en dis beaucoup des trucs mais après la réalité c'est encore autre chose. Tu m'as regardé Théo ?

2 **passer un coup de balai** (mit dem Besen) fegen – 6 **propre** ≠ sale – 8 **une mine** une expression du visage – 18 **Ça me dit si …** *fam* J'aimerais bien que …

Faudrait que le juge il en ait fumé de la bonne pour me laisser partir avec toi. Jamais ils me la fileront la garde.

Théo réfléchit.

THÉO
Et la fille ? On pourrait lui demander de nous aider.

LAURENT
Qui ? L'assistante sociale ?

THÉO
Ouais. C'est grâce à elle si on se voit un peu toi et moi.

LAURENT
Là c'est pas pareil Théo. Ça serait tout le temps. Et puis j'aligne pas trois mots d'anglais.

THÉO
Ça s'apprend ça. Il y a le temps d'ici la rentrée.

Brusquement Laurent se lève et part chercher quelque chose. Théo le suit intrigué.

LAURENT
Oh putain !

De sous un blouson posé sur une chaise, il sort un vieux sac de sport sale.

LAURENT
Tiens. C'était le mien.

THÉO
Merci.

1 **fumer de la bonne (drogue)** *fam* einen Joint rauchen – 2 **filer la garde à qn** *fam* jdm das Sorgerecht geben – 7 **un, une e assistante(e) social(e)** Sozialarbeiter(in) – 12 **aligner** aneinanderreihen – 16 **intrigué, e** curieux

LAURENT
Tu sais que si cet imbécile m'avait pas pété mon tibia et mon péroné moi aussi peut-être que…

THÉO
Oui je sais, je sais.

Il regarde son père droit dans les yeux.

THÉO
J'aimerais vraiment bien qu'on parte ensemble.

29 bis EXT. RUE VILLE – NUIT

Théo, pensif, marche le sac de sport en main.

30 INT. APPARTEMENT THÉO. CHAMBRE THÉO – NUIT

Théo écrit une lettre à son bureau. La carte du recruteur posée à côté. Il écrit un texte, rature, recommence. Il entend sa mère et Eric rentrer dans l'appartement, rire, chuchoter. Théo tourne la tête vers la porte de sa chambre, jette au passage un œil au vieux sac de sport par terre. Un cafard en sort. Théo prend une mine dégoûtée avant de renverser son pot à crayon et d'aller recouvrir l'insecte avec. Des pas qui se rapprochent. Théo file. À peine est-il rassis que la porte s'ouvre sur Chloé qui s'avance. Théo cache rapidement la lettre sous un livre scolaire.

2 **un imbécile** *fam* idiot – 2 **un tibia** → p. 19 – 3 **un péroné** Wadenbein – 10 **pensif, -ive** qui est en train de penser – 14 **raturer** durchstreichen – 17 **un cafard** Kakerlake, Küchenschabe – 18 **dégoûté, e** angeekelt, angewidert – 20 **filer** aller vite – 20 **à peine** kaum

CHLOÉ
Faut que tu te couches. Il est tard.

THÉO
Je termine un devoir.

Elle sourit amusée comme si elle n'avait pas l'habitude de le voir aussi sérieux.

CHLOÉ
Qu'est ce qui t'arrive ? T'es pas malade ?

Théo prend une tête d'ange.

CHLOÉ
Ça a été au foot ?

THÉO
Très bien. Enfin non on a perdu.

Elle l'embrasse tendrement.

CHLOÉ
Vous vous rattraperez la prochaine fois. Allez va récupérer.

Elle sort. Théo se remet à écrire.

31 INT. IMMEUBLE MAX – JOUR

Un doigt appuie sur le bouton d'un interphone.

VOIX GRAND-MÈRE MAX OFF
Oui ?

Théo parle à l'interphone. Il porte le vieux sac de sport.

2 **se coucher** aller au lit – 9 **une tête d'ange** un visage mignon – 16 **se rattraper** wieder ausgleichen, wieder gut machen – 16 **récupérer** reprendre des forces (sich erholen)

THÉO
Bonjour, c'est Théo. Max est là ?

VOIX GRAND-MÈRE MAX OFF
Tu sais bien qu'il est toujours là.

La porte s'ouvre.

32 INT. APPARTEMENT MAX. ENTRÉE + COULOIR– JOUR

Une septuagénaire accueille Théo.

THÉO
Bonjour madame. Vous allez bien ?

GRAND-MÈRE MAX
Fatiguée.

THÉO
Ah. Comment il va ?

GRAND-MÈRE MAX
Je sais pas, je l'ai pas vu depuis avant-hier. Mais enfin il veut bien revoir le psy. C'est plutôt bon signe.

VOIX MAX OFF
Qu'est ce qu'elle te raconte encore ?

GRAND-MÈRE MAX
Mais rien. Je dis rien Maxou.

Elle lève les yeux au ciel, se tapotant la tempe avec l'index. Théo jette un œil vers une porte au fond.

8 **un(e) septuagénaire** personne qui a entre 70 et 79 ans – 17 **un, une psy(chologue)** Psychologe, (-in) – 22 **se tapoter la tempe avec l'index** sich mit dem Finger an die Stirn tippen

VOIX MAX OFF
Viens Théo !

GRAND-MÈRE MAX
Dis, dis lui d'ouvrir un peu sa fenêtre. Si je lui demande moi, je te raconte pas le festival… Tu connais le chemin…

D'un mouvement de tête, elle désigne une porte au fond avec divers auto-collants dessus. Sous l'œil de la grand-mère, Théo la rejoint. Frappe.

33 INT. APPARTEMENT MAX. CHAMBRE – JOUR

La porte s'ouvre sur une chambre sombre aux rideaux tirés.

THÉO *(taquin)*
Coucou Maxou.

Théo avance et trébuche sur un plateau repas. Max (13 ans) qui se tenait derrière la porte, la referme vite. Il est en t-shirt et bas de pyjama. Il est pâle.

MAX
Merde mec ! Mon déjeuner.

THÉO
J'oublie toujours tes putain de plateaux.

Théo se baisse, pose son sac pour ramasser poisson et riz.

MAX
Laisse c'est pas grave.

7 **un auto-collant** sticker – 11 **un rideau** Vorhang – 15 **un bas** Unterteil

Max referme la porte, va s'asseoir à son bureau devant son ordinateur connecté à d'autres appareils. Il tape au clavier. Théo redispose des choses sur le plateau tout en jetant un œil au foutoir dans la chambre. Au sol journaux, bédés, jeux vidéos et cartons vides de pizzas. Il y a une télé aussi.

THÉO
Ça fouette vraiment grave ici. Aère, je te jure.

MAX *(reniflant)*
Je sens rien moi.

Théo se relève, sort une chemise cartonnée colorée. Il rejoint le bureau où Max tape vite une ligne de code.

THÉO
Tu fais quoi ?

MAX
J'ai cracké la Switch, j'essaye de faire tourner un émulateur dessus.

THÉO
Tiens, la prof de français te passe ça. Elle dit que tes cours par correspondance ça remplace pas.

MAX *(jetant la chemise par terre)*
Cette sacrée Pujol. J'ai lu tout son programme sur wikipedia mais elle continue de te passer ses cours…

Il se remet à taper.

THÉO
Et moi, je t'ai apporté un petit cadeau.

2 **un clavier** Tastatur – 7 **fouetter** puer (stinken) – 7 **aérer** ouvrir la fenêtre pour renouveler l'air – 8 **renifler** schnüffeln – 15 **cracker** hacken – 15 **une Switch** Switch, Netzwerkweiche – 15 **tourner un émulateur dessus** einen Emulator (ein Computersystem, das ein anderes in bestimmten Teilaspekten nachbildet) darauf laufen lassen – 18 **un cours par correspondance** Fernunterricht

Il sort du sac un pot avec le cafard vivant. Max le regarde.

MAX
Waww, il est trop stylé. Merci !

Max se lève, va le poser près de deux autres bocaux avec des cafards sur une petite commode derrière le bureau.

MAX
Xavier, Sydney, je vous présente euh… Bernard !

Resté au bureau, Théo attrape un jus de pommes.

MAX
Tu savais qu'un cafard pouvait survivre à une explosion nucléaire ?

THÉO
Ah ben non, ça tu vois je savais pas.

Il s'apprête à boire une gorgée du jus.

MAX
Arrête !!! Bois pas ça !

Théo le regarde étonné.

MAX
Sauf évidemment si tu veux goûter ma pisse.

Théo est dégoûté et repose le verre immédiatement.

THÉO
Beurk ! T'es grave, c'est dègue !

MAX
Ben faut bien que je fasse quelque part.

4 **un bocal** Glas – 14 **une gorgée** Schluck – 22 **dègue / dég' / dégueulasse** *fam* widerlich

Max se rassied au bureau. Théo va chercher une bouteille d'eau sur le plateau au sol, puis va s'asseoir sur le lit.

THÉO
Ça, ça va ou c'est ta bave ?

MAX
Ah ha ! T'es dég'.

THÉO
Oui. C'est ça. C'est moi qui suis dég'.

Théo boit. Les deux garçons se regardent. Un court temps.

MAX
Alors, quoi de neuf dans votre monde ?

Un son sort de l'ordinateur. La manip est réussie.

MAX
Oh yes !

THÉO
Dis, je voulais te demander. Tu saurais pirater un compte mail ?

MAX
Houlà. C'est chaud. Ça dépend du gars, tu sais s'il a activé la double authentification ? C'est sur un serveur tiers ? Il utilise quel OS ?

Théo se lève et rejoint Max.

4 **une bave** Speichel – 12 **une manip(ulation)** Manipulation, Versuch – 16 **pirater** hacken – 20 **une double authentification** doppelte Authentifizierung (mit Passwort und Code) – 20 **un serveur tiers** ein Server eines Dritten – 21 **OS / Operating System** *anglais* Betriebssystem

THÉO

Non mais c'est pas le FBI hein, c'est mon club de foot. Je voudrais qu'ils reçoivent aucun mail de ce type là. C'est un recruteur qui bosse avec Arsenal.

Il lui tend la carte de visite du recruteur.

MAX

Wawww !!! Les Gunners mec !

THÉO

Mais surtout je voudrais aussi que t'envoies un mail à mon club à partir de son adresse mail. Tu saurais ça ?

MAX

Ouais, panique pas, c'est du spoofing, c'est la base.

Théo sort de sa poche le court texte écrit chez lui.

THÉO

J'ai écrit un texte, mais faudrait le traduire en anglais.

MAX

Panique pas ! Je suis sur internet, je parle anglais toute la journée. Je fais limite un effort pour te parler français.

Max regarde le texte, commence à pianoter sur son clavier.

THÉO

Et donc là tu me poses pas de question ?

MAX

Ben, toi non plus tu m'en poses pas des questions. Et c'est très bien comme ça.

4 **bosser avec qn** travailler avec qn – 7 **Les Gunners** l'équipe de foot d'Arsenal – 10 **à partir de** *ici:* ausgehend von – 12 **le spoofing** Täuschungsmethoden in Computernetzwerken zur Verschleierung der Identität – 19 **pianoter sur un ordinateur** taper

Un court temps.

MAX
Et puis franchement, ça va être marrant à faire.

Les deux amis se sourient.

34 INT. COLLÈGE. SALLE DE CLASSE – JOUR

Pendant que la prof d'Histoire-Géo écrit des dates au tableau, Théo esquisse un geste pour attirer le regard de Romane qui, ostensiblement, l'ignore assise sur la rangée de devant.

THÉO *(chuchotant)*
Romane ! Hé Romane ! Romane, c'est vraiment une opportunité, moi aussi, ça me fait chier de partir... Romane... Romane...

Elle se tourne brusquement face à lui.

ROMANE
Mais tu piges pas là, Fourmi. Je suis contente pour toi. Moi aussi si je pouvais je me casserais d'ici. C'est juste que je suis la dernière au courant.

THÉO
Mais qui te l'a dit ?

ROMANE
Pas toi, justement !

3 **marrant, e** drôle, amusant – 7 **esquisser** skizzieren – 8 **ostensiblement** visiblement (offensichtlich) – 8 **une rangée** Bankreihe – 12 **Ça me fait chier de ...** *fam* Es kotzt mich an, dass ... – 16 **piger** *fam* comprendre – 17 **se casser de** (+ lieu) *fam* abhauen von – 18 **être au courant** Bescheid wissen

Elle se retourne. C'est alors que s'ouvre la porte. Le directeur du collège entre. Cherche Théo du regard.

DIRECTEUR
Excusez-moi. Théo, tu peux venir s'il te plaît. Prends tes affaires.

Théo blêmit. Il commence à ranger ses affaires, se lève pour rejoindre le directeur.

35 INT. COLLÈGE COULOIR – JOUR

Le directeur et Théo sortent. Ils avancent dans le couloir. Théo voit son père vêtu d'un costume clair démodé, dans lequel il est à l'étroit, qui lui fait un signe de la main.

DIRECTEUR
Théo. La prochaine fois que tu as rendez-vous, tu dois apporter à l'avance un mot d'un de tes parents.

LAURENT *(surjouant le père modèle)*
Mais ça, je me tue à le lui dire.

(à Théo) Pas vrai ?

Théo, gêné, devant la comédie de son père.

36 EXT. RUE SORTIE DU COLLEGE – JOUR

Père et fils sortent dans la rue. Laurent qui marche d'un bon pas l'a devancé.

6 **blêmir** devenir pâle (blass werden) – 14 **apporter à l'avance un mot de qn** *ici:* sich vorher schriftlich entschuldigen – 16 **se tuer à faire qc** sich abmühen etw zu tun – 21 **devancer qn** être le premier

THÉO
Mais t'es pas bien ! Débarquer comme ça, en plein cours.

LAURENT
Les cours, les cours, on s'en fout des cours. Arsenal, fils ! Arsenal !

THÉO
Et c'est quoi cette tenue ?

Laurent marque un temps d'arrêt, Théo arrive à sa hauteur.

LAURENT
Mon costard de mariage.

Laurent a petit geste signifiant « chic ». Et hop Laurent repart.

LAURENT
Allez grouille ! Faut qu'on la chope avant son déjeuner.

37A INT. SERVICES SOCIAUX. ESCALIER – JOUR

La directrice et Sarah (35 ans), une jolie fille énergique montent un escalier. Sarah a une pile de dossiers en main.

SARAH
Et je leur dis quoi moi ? Huit mois. Pourquoi pas un an ? L'adjoint au maire leur avait promis un logement en septembre.

2 **débarquer** *fam* aufkreuzen – 7 **une tenue** Kleidungsstil – 10 **un costard** *fam* costume – 14 **grouiller** se dépêcher – 14 **choper fam** *ici:* erwischen, abfangen – 17 **une pile** *ici:* Stapel – 17 **un dossier** Akte

DIRECTRICE
Sarah, faut consulter. *(désignant l'oreille de Sarah)* Vous entendez ce que je dis ? Son dossier est sur liste d'attente.

SARAH
D'attente pour quoi ? Pour qu'elle se retrouve à la rue avec ses gosses ou pour retourner se faire cogner dessus par leur père ?

DIRECTRICE
Sarah, Sarah. Il y en a combien des dossiers comme celui là, hein ? Vous ne pouvez pas prendre toute la misère du monde sur vos épaules. Vous allez nous faire un burn out.

37B INT. SERVICES SOCIAUX. COULOIR BUREAU – JOUR

La directrice va pour entrer dans son bureau. Sarah lui en bloque l'accès.

SARAH
Et ma signature ? Juste une signature.

Agacée, elle griffonne une signature et Sarah la laisse passer. La directrice referme la porte. Sarah soupire, lève les yeux et aperçoit Laurent assis sur un banc. Il lui fait un signe.

SARAH
On avait rendez-vous ?

2 **consulter** beraten – 6 **une gosse** *fam* enfant – 6 **se faire cogner dessus** *fam ici:* verprügeln lassen – 10 **prendre toute la misère du monde sur ses épaules** *ici:* sich das Leid der Welt zu Herzen nehmen – 15 **bloquer l'accès de** den Weg versperren – 18 **griffonner** écrire rapidement, sans soin – 19 **soupirer** seufzen

LAURENT
Ben non… Pas à ma connaissance.

SARAH
C'est pas un self-service ici.

Théo, dissimulé jusque là par la carrure de son père, lui apparaît en se penchant. Il fait une tête toute mignonne.

THÉO
Bonjour madame.

Sarah soupire, elle ne va pas dire non au rdv.

38 INT. SERVICE SOCIAUX. BUREAU SARAH – JOUR

Laurent, assis avec son fils, devant un bureau, suit des yeux Sarah qui range des dossiers et passe derrière eux.

LAURENT
C'est ce qu'on s'est dit avec Théo. Je fais une demande de garde auprès du juge. Vous, vous appuyez ma demande. Et comme ça à la rentrée, hop je pars avec lui en Angleterre. Pour une fois qu'on a de la chance.

Sarah finit de ranger des papiers dans un meuble et se retourne vers Laurent.

SARAH
Ah, elle a bon dos la chance.

Elle se rapproche de son bureau.

2 **Pas à ma connaissance.** *ici:* Nicht, dass ich wüsste ! – 5 **dissimuler** câcher – 5 **une carrure** *ici:* dos – 15 **faire une demande de garde** Sorgerecht beantragen – 16 **appuyer** *ici:* soutenir (unterstützen) – 22 **avoir bon dos** *fam* herhalten müssen

LAURENT
Ben ça compte dans la vie, non ?

Sarah réfléchit, s'avance vers Théo vers qui elle se penche.

SARAH *(douce)*
Tu veux bien nous attendre dans le couloir s'il te plaît Théo.

Théo acquiesce. Sort. Sarah adopte un ton plus ferme :

SARAH
Le comportement aussi ça compte, monsieur Bouvier !

Laurent surpris par ce franc parler.

SARAH
Vous vous êtes encore battu paraît-il !

LAURENT *(comme un enfant qui cherche une excuse)*
Y'avait faute…

Elle lève les yeux ciel.

SARAH
Ça fait un an que vous ne venez plus à nos rendez-vous. Là aussi y'avait faute ?

LAURENT
J'avais des trucs à faire.

SARAH
Ah oui quoi ?

LAURENT
Des trucs. Plutôt… de l'organisationnel.

3 **se pencher vers qn** sich zu jdm hinunterbeugen – 10 **un franc parler** direkte Ausdruckweise – 17 **Ça fait un an que** depuis une année – 24 **de l'organisationnel** *ici:* organisatorische Dinge

Elle lève les yeux au ciel. Le téléphone du bureau sonne. Elle va s'asseoir pour décrocher.

SARAH
Ah oui bonjour madame Simonin…

Elle écoute cinq secondes. Laurent la regarde.

SARAH
Ah non, non, ils n'ont pas le droit de vous dire ça. Je vous rappelle.

Elle raccroche.

LAURENT *(désignant les cheveux)*
Vous avez changé un truc à vos cheveux, non ?

SARAH *(déstabilisée)*
Euh.. Oui… J'ai…

LAURENT
Je me disais bien.

SARAH
Bon, on en était où ?

LAURENT
Que si vous nous aidez avec le juge après…

SARAH *(le coupant)*
Bon. Vous vivez où ? Toujours une chambre chez votre tante ?

LAURENT
Non. Ma grande-tante.

12 **déstabilisé, e** verunsichert – 20 **couper qn** jdn unterbrechen

SARAH (OFF)
Et pour le travail ? Rien de nouveau ?

LAURENT
Ça fait longtemps qu'y en a plus du boulot ici.

SARAH
Votre ex-femme en a retrouvé elle. Après l'usine, elle a fait une formation.

LAURENT
Pour les types dans mon genre c'est plus dur.

SARAH
Je vous en avais trouvé une, vous n'y êtes jamais allé.

LAURENT
J'étais… J'étais pas bien.

Elle le regarde. Quelque chose semble la toucher.

SARAH
Et là vous vous sentez capable de vous occuper de Théo en Angleterre ?

39 INT. SERVICES SOCIAUX. COULOIR BUREAU SARAH – JOUR

Théo écoute l'oreille collée à la porte.

LAURENT
Yes I can.

14 **toucher** émouvoir (berühren)

40 INT. SERVICE SOCIAUX. BUREAU SARAH – JOUR

SARAH
Pour ça faut commencer d'abord par vous occuper de vous. Si avant l'Angleterre, vous n'avez pas de travail, pas d'appartement pour recevoir Théo, jamais le juge ne vous confiera la garde.

LAURENT
Ben je vais faire ça.

SARAH
Et puis surtout il y a un truc qu'il faut que vous arrêtiez : ce qui vous empêche de vous lever le matin, qui vous fait rater les rendez-vous, ou vous battre quand « y'a faute »…

Laurent ne voit pas où elle veut en venir.

LAURENT *(tentant une proposition)*
La malchance ?…

Elle soupire. Son téléphone sonne. Elle décroche.

SARAH
Ah Oui, oui, monsieur Dourdet, j'ai pas oublié la caisse d'allocations. (…) Oui, oui, je viendrai chez vous…

On la sent débordée. Elle couvre le combiné, cherche un papier parmi tous les documents qui recouvrent son bureau, fait un geste à Laurent : elle n'a plus de temps, il faut qu'il sorte. Il se lève et se dirige vers la porte.

7 **confier la garde à qn** jdm das Sorgerecht zusprechen – 17 **la malchance** ≠ chance – 20 **la caisse d'allocations** Familienausgleichskasse – 22 **un combiné** (Telefon-)Hörer

SARAH
Commencer par arrêter de boire…

(reprenant le téléphone) Attendez monsieur Dourdet, je cherche le papier, je cherche…

41 INT. SERVICES SOCIAUX. COULOIR + ESCALIER – JOUR

Laurent sort referme la porte. Théo descendent l'escalier. Laurent glisse sa main dans la poche, en sort un mouchoir avec deux gâteaux.

THÉO
Alors, elle t'a dit quoi ?

LAURENT *(un peu défaitiste)*
Que si je voulais la garde, faut que je trouve un boulot, un logement…

THÉO
Ben c'est super !

LAURENT
Je sais même pas par où commencer.

THÉO
Ben commence par trouver un boulot. Comme ça t'auras un appart. Et après on part là-bas.

LAURENT
T'as raison, fils.

Un court temps.

12 **défaitiste** pessimiste, inquiet – 14 **un logement** un appartement

LAURENT
Merde, je lui avais apporté des Chamonix, j'ai oublié. Quel con !

Il va pour y retourner.

THÉO
Non, non, viens papa.

On les retrouve mangeant les chamonix en descendant l'escalier.

LAURENT
Hé, toi aussi tu dois y mettre du tien. Le gars doit arriver affûté à Arsenal.

THÉO
Joue avec moi, ça m'entraînera. On faisait ça avant.

LAURENT
Avant quoi ?

À la façon dont Théo le regarde, Laurent sait que c'est avant qu'il perde pied.

À l'étage, en pleine course, Sarah s'arrête et voit en contrebas Laurent pincer tendrement la joue de son fils. Tous deux prennent le chemin de la sortie.

42 SUPPRIMÉE

43 SUPPRIMÉE

11 **affûté, e** *ici:* austrainert – 17 **perdre pied** den Boden unter den Füßen verlieren – 18 **en contrebas** en bas – 19 **pincer** kneifen

44 EXT. CLUB L'INTRÉPIDE FC. TERRAIN DE FOOT – JOUR

Jour d'entraînement. L'équipe court alignée sur le terrain. Théo en tête, Karim en seconde position. Ils arrivent près de Claude qui les encourage, Antoine à ses côtés.

CLAUDE
Allez ! Allez ! On lève les jambes !

Les enfants récupèrent.

CLAUDE
On souffle… On s'étire.

BRUNO (OFF)
Oh Claude !

Claude et Antoine tournent la tête vers le président du club sorti du bâtiment.

BRUNO
On a reçu un mail d'Arsenal !

Théo joue la surprise. Karim l'est réellement. Claude et Antoine se mettent à courir ensemble vers Bruno.

CLAUDE
Antoine tu me remplaces.

Une demi-seconde d'inquiétude pour Antoine qui fait aussitôt demi-tour l'air de rien et retourne de là d'où il venait.

Karim et Théo sont légèrement à l'écart des autres.

10 **s'étirer** sich dehnen – 24 **à l'écart de** loin de

KARIM
C'est pas dingue ça, Arsenal a écrit ! Si ça se trouve t'es vraiment sélectionné.

THÉO
C'est toi le dingue. Le mail c'est moi, enfin c'est Max.

KARIM
T'as pas fait ça ? Oh là là là là. Pas avec l'autre taré en plus.

THÉO
Il est pas taré. Il est juste comme… allergique.

KARIM
Ah ouais ? À quoi ?

THÉO
À dehors.

Antoine, qu'on sent tendu par sa responsabilité du moment, se décide à lâcher une consigne :

ANTOINE
Bon allez les jeunes la pâte a assez reposée, tout le monde court autour du terrain là jusqu'à ce que Claude revienne et nous dise quoi faire. Allez, un flan au premier qui arrive !

Théo est le premier à repartir, suivi de l'équipe. Sauf Lassana qui arrive à la hauteur de Karim pas encore parti.

LASSANA
Hé, tu crois qu'on pourra aller le voir à Arsenal ?

Karim, brusquement fébrile, range immédiatement ses mains dans le dos comme Théo le lui a appris. Et dit :

7 **un taré, e** *fam* idiot, fou – 18 **la pâte** *ici:* le corps – 20 **un flan** Flan, Kuchen mit Pudding – 25 **fébrile** agité, nerveux

KARIM
Oui c'est super l'Angleterre.

Et brusquement il part en courant laissant Lassana seul, surpris par la réaction de son co-équipier.

45 INT. CLUB L'INTRÉPIDE FC. BUREAU – JOUR

Claude entre, s'installe debout derrière Bruno assis devant un ordinateur. Sur l'écran un mail avec le logo d'Arsenal.

BRUNO
C'est le recruteur. Il confirme, ils veulent intégrer le gamin à la rentrée dans leur centre de formation. Bon, là le type part pour un congrès professionnel. Il nous recontacte le mois prochain pour les formalités.

CLAUDE
Alors « président », il se défend encore notre petit club ?

Bruno lui sourit, se lève, se dirige vers un frigo mini bar.

CLAUDE
Si ça, ça t'aide pas pour trouver un nouveau sponsor.

Bruno ouvre le frigo, sort une bouteille de champagne.

BRUNO *(tout sourire)*
Ça se fête non ?

CLAUDE
J'en connais un autre qui va être content.

46 INT. BUREAU PÔLE EMPLOI – JOUR

Un doigt titille un ticket de file d'attente. Laurent est assis dans un fauteuil. On sent qu'il se contient face à un conseiller pôle emploi.

CONSEILLER PÔLE EMPLOI
Ah oui, tout de même. Radié, trois fois. Refus de contrat aidé, non réponse aux convocations…

LAURENT *(même ton que le conseiller)*
Délocalisation de l'usine, séparation avec ma femme. J'ai eu un petit passage à vide.

CONSEILLER PÔLE EMPLOI
Et maintenant ?

LAURENT *(dit à plat)*
Je pète le feu.

Le conseiller est déstabilisé, ne sait si Laurent plaisante.

CONSEILLER PÔLE EMPLOI
Bon, de toute façon je ne peux pas procéder à votre réinscription présentement. Vous devez au préalable prendre un rendez-vous sur internet.

LAURENT *(qui ne comprend pas)*
On est en rendez-vous…

1 **un pôle emploi** Arbeitsagentur – 2 **titiller** *ici:* jouer avec – 3 **se contenir** se contrôler – 6 **être radié, e** keine Arbeitslosenunterstützung mehr bekommen – 6 **un contrat aidé** Arbeitsvertrag bei dem der Arbeitgeber von staatlicher Seite unterstützt wird – 7 **une convocation** Vorladung, schriftliche Auffoderung zu erscheinen – 9 **une délocalisation** Standortverlagerung – 10 **un passage à vide** *fam* Formtief – 14 **péter le feu** *fam* vor Energie sprühen – 15 **plaisanter** faire une blague – 18 **au préalable** à l'avance (im Vorfeld)

CONSEILLER PÔLE EMPLOI
Là c'est un entretien préalable pour que je vous explique comment prendre rendez-vous avec votre conseiller.

LAURENT
Et c'est qui mon conseiller ?

CONSEILLER PÔLE EMPLOI *(un peu gêné)*
C'est moi…

Laurent abasourdi devant tant de bureaucratie.

CONSEILLER PÔLE EMPLOI
Bon alors vous allez recevoir une convocation. Pour les pièces nécessaires, vous aurez besoin…

Laurent soupire.

47 INT. PÔLE EMPLOI – JOUR

Laurent rejoint Théo qui l'attend à l'accueil, le vieux sac de sport à ses pieds.

LAURENT
Ils sont fous là dedans. Allez on y va champion !

48 EXT. ROUTE – JOUR

Laurent, cheveux au vent, sans casque, conduit souriant sa Vespa. Théo est assis devant, le vieux sac de sport avec lui.

8 **abasourdi, e** étonné – 10 **une convocation** invitation officielle

49 EXT. FRICHE INDUSTRIELLE – JOUR

Laurent passe dans un trou fait dans un grillage, puis se tourne face à Théo de l'autre côté.

LAURENT
Viens. Donne moi ton sac.

Théo le passe à son père, se glisse à son tour dans le trou.

LAURENT
Au moins là, on sera tranquille.

On découvre alors devant eux un vaste site de friche industrielle, l'ancienne usine où travaillait Laurent.

Laurent et Théo marchent maintenant sur le site. Laurent a sorti un ballon du sac, le tend à Théo qui joue avec.

LAURENT
Tu dois pas t'en souvenir mais à l'époque j'avais organisé un championnat à l'usine.

THÉO
Bien sûr que je m'en souviens.

LAURENT
Ah ouais ?

Ça semble toucher Laurent qui lui frotte le crâne.

Ils débouchent près d'un mur sur lequel un semblant de cage de but avait été peint. La peinture est passée. Laurent et Théo viennent poser sac et vestes au pied de la pseudo cage.

1 **une friche industrielle** industrielles Brachland – 20 **frotter le crâne** *ici:* caresser la tête (den Kopf streicheln) – 21 **un semblant de cage de but** eine Art Fußballtor – 22 **passé, é** *ici:* très pâle (verblasst)

LAURENT
Allez, 15 minutes de talons fesses ! Et après tu me tires des pénos !

Père et fils se sourient. Théo commence à courir.

50 EXT. BAR DE BANAL – JOUR

Laurent et Théo arrivent devant le café. Banal, sur un escabeau, en repeint en rouge la devanture.

LAURENT
Qu'est ce qui te prend ?

BANAL
Le bar des supporters d'une future star ça doit avoir de la gueule ! Pas vrai, champion ?

Théo, dépassé, ne sait quoi répondre. Il se gratte le torse alors que Banal descend, repose son pinceau dans le pot.

BANAL *(à Laurent)*
Tiens viens, j'ai un truc pour toi.

51 INT. BAR DE BANAL – JOUR

Banal pose une boîte de cassettes audio d'apprentissage de l'anglais qu'il pose devant Laurent sur le comptoir. Il y a des habitués dans le café. Théo boit un jus d'orange assis sur un tabouret entre son père et un type massif déjà vu au bar. Laurent boit un pastis.

2 **des talons fesses** Übung zum Krafttraining der Beine – 3 **un peno** penalty (Elfmeter) – 7 **un escabeau** Trittleiter – 7 **une devanture** façade – 11 **avoir de la gueule** *fam* être magnifique – 13 **dépassé, e** überfordert – 14 **un pinceau** instrument qu'on utilise pour peindre – 21 **un tabouret** un siège sans bras qu'on trouve souvent dans des bars – 22 **un pastis** une boisson alcoolisée

BANAL
Pour parler une langue, faut d'abord l'apprendre. C'était à ma fille.

LAURENT
Merci Banal. *(regardant une cassette)* Ça aussi ça va être coton. Déjà que trouver un boulot…

TYPE AGRESSIF *(jaloux)*
Qu'est ce que tu te fais chier à chercher du taf ? Bientôt tu sauras plus quoi en foutre de ton pognon.

Laurent se redresse, lui jette un regard noir. On sent qu'il pourrait se battre. Un court moment suspendu. Puis il regarde son fils qui lève les yeux vers lui l'air de dire « calme toi ». Laurent se tourne, s'appuie dos au bar pour boire une gorgée de son pastis. C'est alors qu'il voit Sarah, l'assistante sociale qui s'apprête à entrer. Aussitôt Laurent se penche sur le comptoir et pose son pastis devant le type agressif (qui a déjà une bière) et prend en main le jus d'orange de Théo, surpris. Laurent, face au comptoir, fait comme s'il n'avait pas vu Sarah qui se rapproche.

SARAH
Je vous ai vu là.

Il se retourne.

LAURENT *(l'air de rien)*
Ah bonjour ?

SARAH *(montrant le verre)*
Le pastis c'est à vous.

6 **être coton** *fam* être difficile, pénible – 8 **un taf** *arg* travail – 9 **ne plus savoir en foutre de son pognon** *fam* in seinem Geld schwimmen – 11 **suspendu, e** *ici:* verzögert

LAURENT
Non…

Puis Laurent se tourne vers le type agressif.

LAURENT
Bière, pastis, à 15 heures. Faut peut-être pas exagérer quand même.

Le mec n'en revient pas.

SARAH
Tu vois Théo, dans la vie c'est pas bien de mentir.

Tête de Théo qui sent un poids sur ses épaules mais ne laisse rien paraître.

LAURENT
Je ne mens pas.

Il boit une gorgée de jus d'orange, surjoue la délectation.

LAURENT
Ah la bonne vitamine C !

SARAH
Arrêtez de faire le clown ! Mon problème c'est pas que vous mentiez. C'est que vous faîtes de moi une menteuse.

LAURENT
Ah bon ?

SARAH
J'ai dit à ma directrice que vous étiez capable d'arrêter de boire.

Laurent baisse les yeux. Elle sort du café. Laurent jette un œil à Théo avant de sortir à son tour.

7 **n'en pas revenir de qc** *fam* ne pas pouvoir croire qc – 14 **surjouer** vorspielen – 14 **la délectation** plaisir, bonheur

52 EXT. BAR DE BANAL – JOUR

Sarah s'éloigne. Laurent sort. Passe devant le pot de peinture, attrape le pinceau, se met du rouge sur le nez.

LAURENT
C'est bon j'arrête de faire le clown !

Sarah se retourne. Le voit qui s'avance avec un nez rouge. Elle se retient de rire quand il arrive à sa hauteur.

LAURENT
Je me suis réinscrit au pôle emploi.

SARAH
Vous avez pensé à postuler dans un cirque ?

LAURENT *(blagueur)*
Trop évident, j'aime être là où on m'attend pas.

SARAH
En même temps, je suis passé chez votre tante. Elle m'a dit, il doit être au bistro. Et je vous trouve au bistro.

LAURENT
Chez ma tante ? Mais pourquoi ?

SARAH
J'avais préparé une lettre pour le juge. Je voulais vous la faire signer. Mais c'est prématuré je crois.

Son téléphone sonne. Pendant qu'elle le cherche :

LAURENT
Vous l'aviez pas ce collier l'autre jour ?

7 **se retenir de rire** se forcer à ne pas rire – 11 **postuler** poser sa candidature (sich bewerben) – 21 **prématuré** vorzeitig, zu früh

Sarah le regarde surprise, hésite à répondre. Mais ne peut s'empêcher de décrocher :

SARAH
Ah Madame Macré. Alors j'ai relancé l'office HLM et… (…) Une lettre d'insultes ? Ah non, non, ne faites pas ça ! Ça serait très contreproductif.

De sa main elle couvre, son téléphone et chuchote à Laurent :

SARAH
Arrêtez de boire…

53 INT. BAR DE BANAL – JOUR

À travers la porte vitrée, Théo et Banal voient Sarah adresser un petit signe d'au revoir à Laurent et partir en téléphonant. Laurent la regarde s'éloigner.

BANAL
Les hommes, les femmes, c'est quand même très différent comme sexe. *(à Théo)* T'as remarqué ça toi au collège ?

54 SUPPRIMÉE

55 EXT. PISCINE DÉSAFFECTÉE – JOUR

Théo se tient sur la plate-forme au sommet d'un grand toboggan d'une piscine désaffectée en bord d'un cours d'eau.

4 **relancer** *ici:* bedrängen – 4 **une office HLM** Amt für die Vergabe von Sozialwohnungen – 5 **une lettre d'insultes** Beschwerdebrief – 17 **un sexe** Geschlecht – 19 **désaffecté, e** stillgelegt, geschlossen – 21 **un toboggan** Rutsche

Il aperçoit Romane qui, en bas, arrive au pied de l'escalier. Il lui fait un signe en souriant.

Quelques instants après, Romane débouche sur la plateforme.

THÉO
J'avais peur que tu viennes pas.

ROMANE
Perdu. Ils se sourient.

THÉO
Ça fait longtemps qu'on n'était pas montés.

ROMANE
Ouais.

Ils contemplent le paysage autour d'eux. Un temps. Puis Romane ouvre son sac à dos.

ROMANE
J'ai apporté un goûter.

Ils s'asseyent sur le début du tobboggan. Romane sort de son sac un paquet de biscuit.

ROMANE
Je sais pas avec qui je viendrai quand tu seras parti Fourmi.

THÉO *(ouvrant le paquet)*
Passe une annonce : « cherche garçon qu'a pas le vertige et qui supporte les surnoms tout pourris ».

3 **déboucher** arriver – 22 **avoir le vertige** Höhenangst haben – 23 **pourri, e** mauvais

Romane qui sort de sac une une brick de jus d'oranges, puis une paire de ciseaux, sourit mais son regard est mélancolique.

THÉO
T'en fais pas, ça va aller.

Théo se prend un biscuit tandis que Romane ouvre la brick avec les ciseaux. Théo lui tend le paquet. Elle ne le prend pas, semble perdu dans ses pensées, ciseaux en main. Et soudain, elle attrape une mèche de cheveux, se la coupe. Puis une autre. Les cheveux s'envolent au vent. Théo est saisi.

THÉO
Mais qu'est-ce que tu fais ?

Théo lui attrape la main, la fait arrêter.

THÉO
Pourquoi tu fais fait ça ?

Elle lui tend les cheveux qu'elle a en main.

ROMANE
Tiens ça te fera un souvenir.

Théo est ému.

ROMANE
Tous les gens que j'aime s'en vont.

On sent Théo sur le point de lui dire la vérité.

THÉO
Romane, tu sais je…

1 **une brick** un paquet – 2 **une paire de ciseaux** Schere – 9 **une mèche** Strähne – 11 **saisi, e** surpris, impressionné – 17 **tendre qc à qn** donner qc à qn

ROMANE (au bord des larmes)
Tais toi.

Théo s'exécute. Un court temps.

THÉO
Faut que t'arrêtes avec tes trucs là !

ROMANE
T'inquiète Fourmi. Ok, parfois ça me prend comme ça.

Elle attrape la main de Théo, la pose sur elle.

ROMANE
Mais regarde, touche. Je suis solide.

Théo est gêné. Troublé. Elle lâche sa main.

ROMANE
Tu sais, je suis fière de toi champion.

THÉO *(embarrassé)*
Hum…

ROMANE
Allez, file-moi un biscuit Fourmi !

Plan d'ensemble du grand toboggan, du paysage qui l'entoure. On aperçoit les deux petites silhouettes au sommet.

THÉO (OFF)
M'appelle comme ça !…

Romane rigole.

1 **(être) au bord des larmes** den Tränen nahe (sein) – 17 **filer qc à qn** *fam* donner qc à qn

56A EXT. PETIT PAVILLON TANTE LAURENT – JOUR

Laurent jette des bouteilles d'alcool dans une poubelle.

56B INT. PETIT PAVILLON TANTE LAURENT – JOUR

10 bouteilles de cola placées comme des quilles de bowling sur une table. Laurent les aligne de façon réglementaire.

57 INT. SERVICE SOCIAUX. BUREAU SARAH – JOUR

Sarah travaille derrière son bureau toujours noyé de papier. Elle fredonne Résiste de France Gall.

SARAH
Résiste. Prouve que tu existes. Cherche ton bonheur partout, va. Refuse ce monde égoïste. Résiste !

Un message bip sur son smartphone. Elle l'ouvre. Une photo : des bouteilles de cola. Accompagné d'un texte : « Vous n'êtes pas une menteuse ! ». Elle sourit tape une réponse courte.

58 INT. PETIT PAVILLON TANTE LAURENT – JOUR

Laurent assis à côté des bouteilles. Il reçoit la réponse sur son téléphone. On ne la voit pas. Il sourit.

6 **une quille** Kegel – 11 **fredonner** chanter

59 INT. PETIT PAVILLON TANTE LAURENT. PIECE PRINCIPALE – NUIT

Laurent, torse nu, regarde un documentaire animalier. Sa grande tante est endormie dans son fauteuil devant l'écran. Il est en nage. L'alcool lui manque. Il attrape une bouteille de coca. La boit au goulot presque en entier.

60 INT. PETIT PAVILLON TANTE LAURENT. CHAMBRE LAURENT – NUIT

Dans sa toute petite chambre où il a entassé le peu qu'il possède, Laurent fouille un carton. Il sort une coupe, lointain souvenir du temps où il jouait au foot. La remet, fouille encore et sort un walkman. À côté de lui la boîte de cassettes ouverte.

Le voilà qui y glisse des piles, puis y introduit une cassette de leçon d'anglais. Met les écouteurs sur ses oreilles. Appuie sur play.

VOIX FEMME ANGLAISE (OFF)
Lesson number one. Listen to this song to learn the alphabet.

Démarre une chanson pop enfantine type « Sesame street/ Muppets show » sur laquelle se déroule un montage clipé.

5 **être en nage** in Schweiß gebadet sein – 6 **boire au goulot une bouteille presque en entier** boire avec excès, presque finir la bouteille – 10 **posséder** besitzen – 10 **fouiller** chercher – 10 **une coupe** Pokal – 14 **une pile** Batterie

61 EXT/INT. MONTAGE CLIPÉ – JOUR/NUIT

(A) Théo fait une belle reprise de volée. Marque. L'équipe jouait à l'extérieur comme l'indique le tableau d'affichage.

(B) Un mini bus vieillot roule. À l'intérieur l'équipe chante. Assis devant, Claude inscrit un score sur son carnet du championnat.

(C) De jour. Laurent, écouteurs sur les oreilles, remplit un dossier pôle emploi, un coca ouvert à ses côtés. En arrière plan sa grande-tante devant un docu animalier.

(D) Théo, à son bureau, fait un geste d'au revoir à sa mère et Eric, habillés pour sortir. Eric a un bouquet en main.

(E) Laurent, en sueur sur son lit, écoute le walkman la nuit.

(F) Plan sur Théo qui observe le jeu en plein match de foot.

(G) Théo et Romane prennent un goûter au sommet du toboggan de la piscine désaffectée.

(H) Visage éclairé par la lumière de son téléphone, Laurent écrit un SMS.

(I) Dans son bureau Sarah rit en découvrant un SMS.

(J) Théo retire un post-it « restes de poulet » laissé par sa mère sur le frigo.

(K) Sur le banc Claude note un nouveau score sur son carnet de match. À ses côtés Antoine lit l'Équipe. En réalité, il a dissimulé à l'intérieur un livre de recettes pâtissières.

2 **une reprise de volée** direkte Ballannahme, Volleyschuss – 2 **marquer (un but)** (ein Tor) schießen – 3 **un tableau d'affichage** Anzeigetafel – 12 **être en sueur** être en nage (→ p. 90) – 22 **L'Équipe** *journal sportif français* – 23 **dissimuler** cacher

(L) Les scores s'accumulent sur le carnet de Claude.

(M) Banal tout sourire. On découvre, dans un deuxième temps, qu'il contemple la façade de son bar toute repeinte en rouge.

(N) Sur son lit, Laurent appuie sur stop sur le walkman. Fin de la chanson. Il retire ses écouteurs. Ferme les yeux.

62 EXT. CLUB L'INTRÉPIDE FC. BÂTIMENT – JOUR

Théo et Karim remontent une longue file d'adultes et enfants jusqu'au bâtiment où mène la queue. Les deux enfants qui regardaient la file finissent par buter sur Claude qu'ils n'avaient pas vu. Théo se recule et lève la tête.

CLAUDE *(jouant le sévère)*
C'est de ta faute tout ça.

THÉO
Hein ?

CLAUDE *(tout sourire)*
Les gens commencent à savoir qu'un gamin a été recruté par Arsenal.

Ils veulent tous faire du foot maintenant. Les grands, les petits.

Théo, incrédule, jette un œil à la file.

1 **s'accumuler** sich anhäufen, sich sammeln – 3 **contempler** regarder longuement – 9 **une file (d'attente)** Warteschlange – 11 **buter sur qn** vor die Füße stolpern

CLAUDE
Alors t'es fier de ton pote ?

Karim range ses mains dans le dos et lâche :

KARIM
Oui, c'est super l'Angleterre !

Claude un peu surpris. D'autant plus que Karim s'en va brusquement laissant Théo un brin gêné. Il fait une tête amusée l'air de dire « sacré Karim ». Et part le rejoindre.

63 SUPPRIMÉE

64 INT. APPARTEMENT THÉO ENTRÉE – SOIR

Un son de clé dans la serrure, la porte s'ouvre. Théo, portant son vieux sac de sport entre. Intrigué, il entend de la musique et des bruits en provenance du salon.

65 INT. APPARTEMENT THÉO. SALON – SOIR

Chloé, un verre à la main, est en train de danser, un peu pompette. 8 personnes, dont Eric, participent à ce petit apéro improvisé. Eric sert des punchs. Chloé aperçoit soudain Théo qui a posé son sac par terre.

CHLOÉ
Ah mon fils !

Elle va l'embrasser.

8 **sacré Karim** dieser Karim… ! – 11 **une serrure** Schloss – 13 **en provenance de** qui viennent de – 16 **pompette** un peu alcoolisé – 17 **un apéro** *ici:* une petite fête

CHLOÉ
Alors vous avez joué contre qui aujourd'hui ?

Elle l'entraîne pour danser. Théo n'a pas envie. Il s'éloigne, passe devant Eric et un ami.

AMI ERIC *(à Eric)*
Hé c'est le fils de Chloé ? *(à Théo)* C'est pas toi qui a été recruté par Arsenal ?

Théo se retourne, a une brève moue embarrassée, se reprend.

ERIC
Tu dois confondre.

THÉO
Si. C'est moi.

AMI ERIC *(à Eric)*
Ah tu vois.

CHLOÉ *(très surprise)*
Quoi ? Arsenal, Arsenal en Angleterre ?

Théo acquiesce. Eric siffle admiratif.

CHLOÉ *(à Théo)*
Qu'est ce que tu racontes ?

AMI ERIC
Il assure grave ton fils. Je l'ai vu jouer l'autre fois contre Neuville. Mon neveu joue là-bas. Trois buts il leur a mis.

Eric siffle encore admiratif.

8 **une moue embarrassée** une expression du visage qui montre son embarras (Verlegenheit) – 21 **assurer grave** *fam* genau wissen, wo's langgeht – 23 **admiratif, -ive** → admirer, admiration

CHLOÉ
Mais pourquoi tu m'en as pas parlé ?

Théo ne répond rien. Eric comprend qu'il y a un souci et s'avance vers Chloé.

ERIC
Tu veux un punch puce ? Tiens c'est marrant ça. Punch-puce…

Elle ne répond pas. Elle regarde Théo. Il faut qu'il s'explique.

66 INT. APPARTEMENT THÉO. CHAMBRE THÉO – SOIR

Théo est assis sur son lit. Sa mère est appuyée au bureau.

CHLOÉ
De quoi j'ai l'air franchement ? Je suis la dernière au courant. Ça fait des semaines…

THÉO
J'attendais des nouvelles plus précises.

CHLOÉ
Et alors ?

THÉO
Ils me veulent dans leur centre de formation.

CHLOÉ *(fière)*
Ah mon Théo. T'es trop fort.

Elle va l'embrasser, s'asseoir près de lui.

13 **franchement** mal ehrlich – 13 **être au courant** être informé

CHLOÉ
Ça sera pendant les vacances, alors ?

THÉO
Ben non maman, ça sera tout le temps. Ils veulent me former pour devenir footballeur.

Chloé commence à réaliser.

CHLOÉ
Footballeur ?… Mais enfin tu peux pas aller vivre là-bas tout seul ? Pas à 13 ans ?

THÉO
Non. Il faut que quelqu'un vienne avec moi. C'est obligatoire.

Elle soupire. Un court temps. Elle réfléchit, soucieuse.

CHLOÉ
Mais c'est compliqué ça mon chéri. Comment je ferais ?… Avec Eric, mon nouveau boulot… Et en plus il y a le…

THÉO *(la coupant)*
Papa il pourrait lui.

CHLOÉ *(ironique)*
Oh ben oui, très bonne idée. Avec lui ça sera carré. Tu pars avec papa, c'est pas footballeur que tu deviens, c'est barman.

Théo prend une mine genre « très drôle ».

THÉO
Ici il va pas bien parce qu'il se passe rien. Mais là il aura tellement envie de partir qu'il fera tout pour aller mieux. Comme avant.

12 **obligatoire** nécessaire, inévitable – 20 **carré, e** clair, évident

CHLOÉ
Théo…

Agacé Théo se lève, attrape son ballon, va vers la fenêtre derrière le bureau. Il fait les 100 pas.

THÉO
C'est toujours pareil avec toi, tu veux jamais lui laisser une chance.

CHLOÉ
Quoi ? Je lui ai laissé beaucoup de chances à ton père, Théo. Au début, quand on s'est séparé, il pouvait te voir souvent. Mais il…

THÉO *(connaissant ce qui va suivre)*
Oui je sais, il dormait tout le temps. Il venait pas au rendez-vous. Et puis une fois il m'a oublié sur une aire d'autoroute.

CHLOÉ
Mais tu te rends compte un peu ? Qui va venir te chercher s'il t'oublie là-bas ?

Un court temps. Elle sort son portable.

CHLOÉ
Bon écoute, c'est n'importe quoi, je vais l'appeler.

Théo revient vers sa mère.

THÉO
Non tu l'appelles pas ! Si c'est encore pour lui dire qu'il est nul !

CHLOÉ
Je vais pas lui dire ça, je vais lui…

THÉO
Non !!!! Tu l'appelles pas !!! Arrête !

Elle le regarde, range son téléphone, se lève.

CHLOÉ
Calme toi.

Elle va serrer Théo contre elle. Elle lui embrasse le front.

CHLOÉ
C'est qui ces gens d'Arsenal ? Pourquoi ils m'ont pas appelée ? J'y connais rien d'accord, mais je vais me renseigner.

Chloé sort de la chambre. Théo reste seul, agité par ses pensées. Ça se complique… Il réfléchit et se précipite à son bureau, prend une feuille et un crayon.

67A EXT. IMMEUBLE MAX – JOUR

Théo sort à la hâte de sa résidence, court vers un autre immeuble dans lequel il entre.

67B EXT. IMMEUBLE MAX – JOUR

Le doigt de Théo sonne à l'interphone.

THÉO
C'est Théo.

GRAND-MÈRE MAX (OFF)
Ah te voilà ! Vite monte !

La porte s'ouvre.

7 **ne rien y connaître** sich nicht auskennen – 8 **se renseigner** s'informer

68 INT. APPARTEMENT MAX. PALIER + ENTRÉE – JOUR

La porte est entreouverte. Alors que Théo s'apprête à entrer il entend des cris.

MAX (OFF)
Laisse-moi ! Non !!! N'entre pas ! C'est ma cabine !

GARDIEN IMMEUBLE MAX (OFF)
Mais c'est rien Max écoute.

Théo entre et regarde en direction de la chambre de Théo de l'autre côté du salon. Un sexagénaire à la mine sympathique essaye de tirer Max hors de sa chambre par le bras. Un peu derrière l'homme, se tient la grand-mère.

GRAND-MÈRE MAX
Calme-toi Maxou. C'est pour ton bien enfin.

Elle se tourne vers Théo et va le rejoindre.

GRAND-MÈRE MAX *(bouleversée)*
Explique-lui toi, t'es le seul qu'il écoute.

THÉO
Qu'est-ce qu'il se passe ?

GRAND-MÈRE MAX
Monsieur Vila est gentiment venu réparer son store.

MAX (OFF)
Théo !

Théo regarde à nouveau vers la chambre. Le gardien a saisi Max et l'entraîne vers le balcon.

15 **rejoindre qn** *ici:* aller vers qn – 21 **un store** (Verdunkelungs-)Rollo

GARDIEN IMMEUBLE MAX
J'en ai pour une demie heure, t'inquiète mon grand. C'est vite fait.

MAX
Je veux pas qu'on entre dans ma chambre.

GRAND-MÈRE MAX *(à Théo, comme dépassée)*
Je sais plus quoi faire de ce gamin.

Théo part vers le balcon.

69 INT/EXT. APPARTEMENT MAX. SALON – JOUR

Le gardien pousse un Max agité sur le balcon par la porte fenêtre ouverte. À l'extérieur Max se tétanise immédiatement. Il s'agrippe d'une main à la rambarde. Théo se faufile par l'ouverture juste avant que l'homme ne referme et s'éloigne.

70 EXT. APPARTEMENT MAX. BALCON – JOUR

Max pétrifié sur le balcon finit par agripper la rambarde. Il n'est pas sorti depuis longtemps. Théo, derrière lui, est d'abord hésitant. Puis il se rapproche à son tour de la rambarde et se tourne vers son copain.

THÉO
Max ?

Max respire fort, vite.

12 **se tétaniser** erstarren, sich verkrampfen – 13 **se faufiler** sich hineinschleichen

THÉO
Tu vois, ça va, il s'est rien passé.

VOISIN MAX (OFF)
Oh Max !

Ils tournent la tête pour découvrir le voisin de Max (25 ans) qui fume un joint sur son balcon. Il a un accent anglais.

VOISIN MAX
Ça fait longtemps. Comment ça va vieux ?

Max est comme pétrifié d'angoisse. Aucune phrase ne parvient à sortir de sa bouche. Seul un drôle de son. Le voisin jette sa cigarette dans la rue, fait à Max un petit clin d'œil.

VOISIN MAX
Bon ben, faut que j'y aille. À bientôt Max. Hé, si tu trouves la saison 4 de ton truc avec les zombies là, tu penses à moi, ok ?

Il rentre chez lui. Max se calme peu à peu.

THÉO
Ça va aller Max. Calme toi. Respire. Les arbres, l'air… un peu de pots d'échappement !

MAX *(se détendant peu à peu)*
Pourquoi t'es venu ?

THÉO *(avec un sourire)*
Assistance psychologique. *(sort une feuille)* Et fallait que je te donne une lettre.

9 **pétrifié, e d'angoisse** versteinert vor Angst – 11 **faire un clin d'œil** zuzwinkern – 20 **un pot d'échappement** *ici:* Abgase

MAX
Tu devrais découvrir les mails. Tu verras, c'est super malin comme invention.

THÉO
Je fais pas confiance au mails, y a des gens qui les piratent, il paraît… Et puis ça me fait plaisir de te voir. *(le touchant)* En chair et en os.

Une goutte tombe sur le front de Max.

MAX
J'ai reçu une goutte.

D'autres tombent. Il lève les yeux.

MAX
Il pleut…

THÉO
T'as vu ça, il s'en passe des trucs de ouf dehors !

Max sourit. Théo et Max regardent devant eux. Le dehors…

71 EXT. CLUB L'INTRÉPIDE FC. TERRAIN DE FOOT – JOUR

Karim dribble avec un ballon entre des plots. Il remonte jusqu'à Théo qui, lui,regarde sa mère, plus loin, en train d'écouter Claude. Sur le terrain tous les coéquipiers s'entraînent de la même manière. Karim parle à Théo :

7 **en chair et en os** en personne – 8 **une goutte** Tropfen

KARIM
J'espère qu'il va la convaincre. T'imagine ? Tu vas partir jouer à Arsenal ! C'est fou !

THÉO
Karim ?

KARIM
Oui ?

THÉO
Y'a rien qui te… ?

KARIM *(réalisant)*
Oh putain, j'avais oublié, à force de…

THÉO
Continue comme ça, c'est super !

Théo repart à l'entraînement. Bruno sort du bâtiment.

BRUNO
Y'a un nouveau mail des Anglais !

72 EXT. CLUB L'INTRÉPIDE FC. BÂTIMENT – JOUR

Le visage de Karim tendu par l'effort. Théo est monté sur ses épaules pour regarder à travers une fenêtre en hauteur.

KARIM
Il a raison le recruteur : t'es trop petit.

Théo a une vue plongeante sur le bureau.

23 **une vue plongeante** *dans un film* une vue de haut en bas

73 INT. CLUB L'INTRÉPIDE FC. BUREAU – JOUR

À travers une fenêtre haute on découvre le visage de Théo en équilibre sur les épaules de Karim. Chloé, Claude et Bruno sont debout devant un ordinateur. Ils regardent le mail.

BRUNO
Ça c'est le complexe près de la cité sportive. Les jeunes vivent là avec leur famille. En pièce jointe, ils ont mis les documents à fournir. Et une proposition de contrat. Là, faudra me traduire, je comprends pas tout.

Sur le mail, il y a des photos du centre de formation d'Arsenal, de jeunes joueurs, de maisons, d'une salle de classe. Tout est crédible, Max a bien travaillé.

74 EXT. CLUB L'INTRÉPIDE FC. BÂTIMENT – JOUR

Théo est toujours perché sur les épaules endolories de Karim.

THÉO
Wawww, il a mis des photos. C'est du lourd ce qu'il a fait Max.

KARIM *(qui souffre de porter)*
Je te confirme c'est du lourd.

On entend un son de Vespa. Laurent arrive et s'arrête non loin d'eux. Théo descend des épaules de Karim et s'avance vers son père. Laurent a meilleure apparence. Le voilà

9 **une proposition de contrat** Vertragsentwurf – 13 **crédible** → croire – 18 **endolori, e** qui fait mal (schmerzend) – 21 **lourd, e** *ici:* génial

rasé, bien coiffé, il porte une nouvelle chemise. Théo surpris par le look de son père.

LAURENT
Quoi ? Je te plais pas comme ça ?

THÉO *(souriant)*
Si, si.

LAURENT
Ben alors vous vous entraînez pas ?

THÉO
Arsenal a renvoyé un mail.

Aussitôt l'œil de Laurent pétille, il file pour entrer.

THÉO
Attends, il y a…!

Trop tard, Laurent a déjà disparu à l'intérieur.

75 INT. CLUB L'INTRÉPIDE FC. BÂTIMENT. BUREAU – JOUR

Chloé, Bruno et Claude discutent debout devant l'ordinateur.

CHLOÉ *(à Claude)*
Mais ça serait pas plus simple de leur demander un rendez-vous ?

Chloé s'arrête net en voyant Laurent débouler dans le bureau. Surpris il s'arrête net en la découvrant.

1 coiffé, e → coiffeur – 21 **s'arrêter net** *ici:* se taire

LAURENT
Ah…

Ils se dévisagent. Elle aussi est surprise par son apparence. Claude et Bruno gênés.

CLAUDE
Salut Laurent.

LAURENT
Salut. Bonjour Chloé.

CHLOÉ
Bonjour… Tu… J'espère que t'as rien bu ? Parce que si t'as bu…

LAURENT *(la coupant)*
Je bois plus. On t'a pas dit ? J'étais venu leur annoncer.

Chloé a une moue dubitative.

CLAUDE
Les Anglais ont écrit.

Laurent les rejoint à l'ordinateur.

LAURENT
Alors ? Ils disent quoi ?

CLAUDE
Ils préparent un contrat de non sollicitation par un autre club.

LAURENT
Ils proposent combien ?

3 **se dévisager** se regarder longuement, se fixer – 14 **dubitatif, -ive** qui exprime le doute, qui est sceptique – 21 **un contrat de non sollicitation** ein Vertrag mit Nicht-Abwerbungsklausel

CHLOÉ
Ah, nous y voilà…

LAURENT
Ben quoi ?

CHLOÉ
C'est ça l'idée ? Vivre au crochet de ton fils ?

LAURENT *(indigné)*
Moi ? Moi je ferais ça pour l'argent ? Alors là !!

CLAUDE *(apaisant)*
Oh, oh ! Attendez, on va jouer collectif là…

Furieux Laurent sort.

76 EXT. CLUB L'INTRÉPIDE FC. BÂTIMENT + TERRAIN – JOUR

Théo descend des épaules de Karim d'où il observait la scène. Il file.

KARIM
Oh ! Qu'est ce qui se passe ?

Théo se retourne. À sa mine, pas de doute, c'est un truc « saoulant ».

Il part contourner le bâtiment et voit son père, qui, sorti, s'éloigne sur la pelouse comme pour se calmer. Sa mère, remontée, sort à son tour. Elle ne le voit pas. Elle cherche Laurent du regard et part vers lui d'un pas vif. Claude sort

6 **vivre au crochet de qn** auf jds Kosten leben – 10 **jouer collectif** (dans une équipe) jouer ensemble – 19 **saouler** soûler (betrunken machen)

à son tour et s'arrête devant le pas de porte à côté de Théo. Il regarde le couple s'éloigner après avoir jeté un coup d'œil à Théo.

CHLOÉ
Laurent !

Laurent ignore les appels de Chloé derrière lui. Cette dernière, agacée, passant près d'un ballon shoote dedans l'envoyant plus loin sur la pelouse.

CLAUDE *(sifflant admiratif)*
En fait, c'est peut-être ta mère qu'ils auraient du recruter.

Laurent énervé continue sa marche. Il entend Chloé.

CHLOÉ
Laurent écoute !

Laurent ralentit, Chloé approche. Ils se suivent.

CHLOÉ
Excuse moi pour l'argent. J'ai dit ça comme ça.

Laurent se retourne vers elle, plus calme.

CHLOÉ
Mais je sais pas ce que tu t'es encore mis dans la tête.

Théo regarde ses parents sans les entendre. On voit que Chloé ne cesse de parler et que Laurent baisse les bras ou hausse les épaules l'air de dire « ça va être compliqué ».

Karim s'est approché derrière Théo et Claude. En regardant ses parents, Théo baisse la tête.

7 **shooter** → *anglais* to shoot – 14 **ralentir** marcher moins vite

CLAUDE
Ça va Théo ?

Théo tourne les talons et part d'un pas vif.

CHLOÉ
Théo !

Théo s'éloigne, quittant le club.

77 SUPPRIMÉE

78 INT. PAVILLON ROMANE. CHAMBRE – NUIT

(A) Romane est sur son échelle en train d'accrocher, parmi d'autres, un mobile en fil de fer qu'elle a fabriqué. Théo est à côté.

THÉO
Elle m'énerve je te jure. Je le connais. Il va déprimer. S'il pense qu'il a aucune chance de partir, il va se remettre à boire.

Romane le regarde en descendant de l'échelle.

ROMANE
Mais il va se remettre à boire ! Il changera pas ton père. Dans quel monde tu vis ?!

Théo masque.

3 **tourner les talons** s'enfuir, s'en aller – 9 **une échelle** Leiter – 20 **masquer** *ici:* devenir sombre, triste

ROMANE
Oh ? Hé ? C'est pas grave hein ! Toi et moi on en a vu d'autres.

Théo ne se déride pas.

ROMANE
On peut créer un club si tu veux ? « SOS parents en détresse ».

Théo a un petit sourire tandis qu'un téléphone vibre sur un bureau. Théo l'attrape. C'est un appel de sa mère.

THÉO
C'est encore elle.

ROMANE
À la dixième fois je te jure je te le fais bouffer. Réponds-lui !

THÉO
Je peux rester dormir ?

Romane acquiesce. Théo commence à taper un sms.

(B) Plus tard. Théo ne dort pas, soucieux, assis sur un matelas posé près du lit dans lequel dort Romane. Théo se gratte nerveusement le torse.

79 EXT. RUE SERVICES SOCIAUX – JOUR

Devant le bâtiment où deux collègues sortent fumer, Sarah mange une barquette de Nutella avec une spatule.

4 **se dérider** se détendre (auftauen, sich entspannen) – 7 **la détresse** désespoir, misère – 13 **bouffer** *fam* manger – 23 **une barquette** tartelette en forme de bateau – 23 **une spatule** Spachtel

THÉO (OFF)
Je vous dérange pas ?

Elle se retourne découvre, étonnée, Théo.

SARAH
Ah bonjour Théo. Euh non, non. C'est ma pause. *(montrant la barquette)* Tu en veux ?

THÉO
Non merci. Je voulais vous dire, mon père a arrêté de boire.

SARAH *(faussement surprise)*
Ah ? Tu penses qu'il va tenir ?

THÉO
Oui. L'Angleterre ça le motive. Mais pour ça on a besoin de vous....

SARAH
Tu sais Théo, le juge il va d'abord se demander si c'est pas mieux pour toi que tu partes avec ta mère.

Théo réfléchit. Puis il affiche une mine embarrassée.

THÉO
Je ne m'entends pas du tout avec son nouveau copain.

SARAH
Ah ?

THÉO
Il… Il se moque de moi.

SARAH
Il se moque de toi ???

20 **ne pas s'entendre avec qn** sich nicht gut verstehen mit jdm

THÉO
L'autre jour, pour faire une blague, il m'a cassé un œuf sur la tête.

SARAH
Mais c'est pas drôle du tout ça comme blague !

Théo hausse les épaules.

THÉO
N'en parlez pas à ma mère s'il vous plaît. Tout ce que je veux, c'est partir avec mon père. Vous aussi faîtes lui confiance.

Théo part, laissant Sarah songeuse qui termine sa barquette.

80 INT. CENTRE DE CONDITIONNEMENT POMMES. ATELIER – JOUR

Des centaines de pommes défilent sur un tapis roulant. Dans le grand hall de tri des fruits, Laurent marche aux côtés de la responsable et de Sarah. Il porte une charlotte sur la tête et une blouse. Ils déambulent parmi les ouvriers.

RESPONSABLE DU CENTRE
Croquant, saveur, fermeté, jutosité, quand elles arrivent dans cette salle, tout ça a déjà été contrôlé. Mais l'étape clé a lieu ici. Et c'est vous les emballeurs qui en avez la

6 **hausser les épaules** mit den Schultern zucken – 9 **faire confiance à qn** jdm vertrauen – 11 **songeur, -euse** qui est en train de rêver / réfléchir – 13 **un conditionnement** Verpackung – 15 **défiler** passer les uns derrière les autres – 16 **un tri** Sortieren – 17 **une charlotte** Haube – 18 **déambuler** marcher sans but précis – 20 **croquant, -e** knackig – 20 **saveur, -euse** avec plein de goût (geschmackvoll) – 20 **une fermeté** Festigkeit – 20 **une jutosité** Saftigkeit – 22 **un emballeur, -euse** Verpacker – 22 **avoir la charge de faire qc** avoir la tâche / la responsabilité

charge. Vous devez éliminer les pommes qui ont des défauts.

Le responsable attrape une pomme tachée sur le tapis.

RESPONSABLE DU CENTRE
Comme par exemple celles qui ont une grosse tache.

LAURENT
Ah, ça je m'y connais en grosse tache.

Sarah esquisse un sourire. La responsable jette la pomme dans un bac. Son téléphone sonne. Elle s'écarte.

RESPONSABLE DU CENTRE
Excusez-moi un instant.

LAURENT
Elles sont immangeables celles qui ont des défauts ?

SARAH
Pas du tout. Mais faudrait pas heurter ces pauvres consommateurs. Vous voulez que je vous dise un secret ?

Laurent acquiesce. Elle s'approche et plus bas lui glisse :

SARAH
Moi je préfère les cabossées, celles qu'on jette aux ordures. Elles sont délicieuses en fait, parfois mêmes meilleures que les brillantes. Mais chut, ici c'est mission zéro défaut.

LAURENT
Merci Sarah.

2 **un défaut** *ici:* Makel – 3 **taché, -e** fleckig – 5 **une tache** → taché – 9 **un bac** Behälter – 9 **s'écarter** s'en aller – 13 **immangeable** qui ne peut être mangé – 15 **heurter qn** choquer qn – 19 **cabossé, e** déformé, cassé – 19 **jeter qc aux ordures** jeter qc dans la poubelle

SARAH
Pour ?

LAURENT
Pour le CDD.

SARAH
J'avais pas de contact dans un cirque.

Laurent sourit.

SARAH *(désignant la responsable en train de revenir)*
Par contre j'avais aidé son frère sur un dossier.

RESPONSABLE DU CENTRE
Bon, bien, au travail alors !

SARAH
Je vous laisse.

Sarah rejoint la responsable. Elles repartent de là où ils étaient arrivés. Sarah se retourne et jette un regard à Laurent qui met des écouteurs.

Tout en triant des pommes, Laurent écoute le walkman.

VOIX FEMME ANGLAISE (OFF)
Lesson number 35: Let's make dinner!

81 EXT/INT. CLUB L'INTRÉPIDE FC. – JOUR

Le terrain de l'Intrépide avec au loin la petite silhouette de Théo qui longe le bâtiment avec son sac.

Théo longe le bâtiment, passe devant une porte ouverte.

4 **un CDD** = **un contrat à durée déterminée** Zeitvertrag – 17 **trier** sortieren – 22 **longer qc** aller le long de qc

CLAUDE (OFF)
Théo !

Théo revient sur ses pas, entre et s'arrête à la porte ouverte du bureau. Surpris, il découvre Claude et Antoine avec des casquettes rouge Arsenal sur la tête. Un carton est ouvert sur le bureau. Antoine a les mains plongées dedans.

CLAUDE

Ça, on peut dire qu'ils te veulent vraiment ! Ils ont envoyé des cadeaux.

THÉO
Ah ???

Théo un peu perdu. Antoine sort un mug du carton.

ANTOINE *(comme un enfant à Noël)*
Oh chouette un mug !

THÉO *(à Claude)*
C'est… C'est… Ils sont gentils.

Claude lui sourit. Tandis qu'Antoine ressort une figurine de la reine d'Angleterre qui agite la main pour saluer. Il la pose sur le bureau.

ANTOINE
Je pourrais leur envoyer des sablés pour les remercier ? Ou des chouquettes ?…

Il remarque le regard de Claude.

5 **une casquette** Kappe, Schirmmütze – 12 **un mug** *anglais* une tasse (à thé / café) – 17 **une figurine** petite figure – 21 **un sablé** petite galette en pâte sablée (Sandgebäck) – 22 **une chouquette** petite pâtisserie avec de gros grains de sucre

ANTOINE
Ou pas…

Claude brandit le mug comme s'il trinquait.

CLAUDE
Merci Théo !

82 EXT. IMMEUBLE MAX – JOUR

Le doigt de Théo appuie sur l'interphone.

83 INT. CHAMBRE MAX – JOUR

Max est assis sur le fauteuil, tourne le dos à son ordinateur. Il parle à Théo.

MAX
T'énerve pas ! Bien sûr que ça se fait des cadeaux ! J'ai lu ça sur le blog d'un ancien coach de la Juve.

Théo s'avance.

THÉO
Et m'en parler avant ? Ça se fait pas ?

MAX
C'était censé être une surprise d'Arsenal. Fallait que t'aies l'air surpris ? T'avais pas l'air surpris ?

THÉO
Ben si !!!

3 **brandir** schwenken – 3 **trinquer** anstoßen – 13 **Juve / Juventus Turin** *équipe de foot italienne* – 18 **être censé, -e faire qc** être supposé faire qc (etw sein sollen)

MAX
Et ben voilà.

THÉO
Mais t'as payé ça comment ?

MAX
Panique pas… J'ai récupéré des codes d'achat Amazon. La semaine prochaine, j'enverrai les écharpes.

Il montre trois écharpes Arsenal à Théo qui hallucine. On aperçoit aussi des autocollants et des fanions.

THÉO
T'en fais trop, ils vont se méfier.

Théo aperçoit alors au mur un tableau « type FBI » avec la photo du recruteur et quatre autres photos d'Anglais. Des flèches les relient.

THÉO
Mais c'est quoi ça mec ???

Théo s'approche du tableau et Max le rejoint pour lui expliquer.

MAX
Leur staff recrutement. J'ai piraté toutes les adresses. Je pourrai faire des mails groupés. J'ai aussi le nom de leurs femmes si jamais…

Théo regarde Max effaré.

6 **récupérer** utiliser – 6 **un achat** → acheter – 7 **une écharpe** Schal – 8 **halluciner** *ici:* ne pas en croire ses yeux (es kaum fassen können) – 9 **un fanion** Wimpel, Fähnchen – 14 **une flèche** Pfeil – 23 **effaré, -e** troublé, choqué

THÉO
Si jamais quoi ? Mais c'est…

MAX *(le coupant)*
Panique pas…

THÉO
Mais si je panique !!! T'es un malade mental !

MAX *(vexé)*
Quoi ? C'est moi le malade mental ? C'est moi qui ment à tout le monde? Qui fait croire que je suis recruté à Arsenal ? Moi je suis juste en train de t'aider espèce de mytho !

Un court temps. Théo réfléchit.

THÉO
Arrête de m'aider, Max. Ça va trop loin là. Merci pour tout ce que t'as fait mais t'arrête.

MAX
Sérieux ?

THÉO
Ouais sérieux. T'arrête ! Promis.

MAX
Comme tu veux. Mais tu vas te faire griller.

Le téléphone de Théo sonne. Il décroche.

THÉO
Oui papa ? *(regard à Max)* Mardi ? Euh… Oui d'accord. Attends je note. (…) Mais c'est une bonne ou une mauvaise surprise ?

10 **espèce de mytho** Lügner – 21 **se faire griller** auffliegen

Théo se dirige vers le bureau, pour prendre un papier. Max le suit du regard. Théo griffonne une adresse. Raccroche et se tourne vers Max qui lui fait un geste signifiant : cette surprise là, moi j'y suis pour rien. Théo arrache le morceau de papier avec l'adresse.

84 EXT. RUE QUARTIER PAUVRE – SOIR

Théo, papier en main indiquant le 14 de la rue, marche dans une rue aux immeubles délabrés. Il tourne la tête en cherchant les numéros. Bientôt il s'arrête devant un immeuble. Il entend une fenêtre qui s'ouvre. Lève la tête.

LAURENT
Oh ! Hé !

À la fenêtre du premier, son père lui fait de grands signes.

LAURENT
Je t'ouvre.

85 INT. APPARTEMENT LAURENT. PALIER + PIÈCE PRINCIPALE – SOIR

Laurent attend son fils sur le pas de la porte ouverte, walkman à la ceinture, casque autour du cou. Théo entre.

LAURENT
Tatattt.... Si « my lord » veut bien se donner la peine.

8 **délabré, -e** *pour un bâtiment* en mauvais état, ruiné – 16 **un palier** étage – 19 **une ceinture** (Hosen-)bund – 19 **un casque (à écouteurs)** Kopfhörer – 21 **se donner la peine** sich herbemühen

Laurent referme la porte pendant que Théo découvre l'appartement. Laurent repasse devant et lui désigne les pièces au fur et à mesure.

THÉO
Mais c'est quoi ici ?

LAURENT *(fier)*
Ben c'est chez moi. Maintenant que j'ai un salaire.

Théo regarde, c'est meublé « récup' ».

LAURENT
Salle de bain, vécés, cuisine.

Laurent ouvre une porte, entre dans une pièce.

LAURENT
Ta chambre.

Laurent ressort, revient vers la pièce principale. Des bouteilles de coca sont entassées dans un coin.

LAURENT
Bon c'est pas le Ritz, mais ça le fait non ?

THÉO
Ouais. T'as trouvé comment ?

LAURENT
Via un copain de « Banal ». Un dingue de foot. Quand il a appris pour Arsenal…

THÉO
Ah…

3 **au fur et à mesure** l'une après l'autre – 8 **la récup(ération)** Wiederverwertung – 10 **les vécés** *mpl fam* toilettes – 21 **un dingue de foot** un fan de foot

LAURENT
Le gars m'a fait un super prix. Ça me fait quelque chose de te recevoir chez moi.

Théo, ému, sourit à son père.

LAURENT
Bon, euh… T'as fait tes devoirs ? Parce que si t'as rien fait, tu vas m'entendre !

THÉO
Toi t'as lu « Être papa pour les Nuls » ?

Laurent rit. Théo renifle.

THÉO
Ça sent le brûlé non ?

LAURENT
Oh merde, les paupiettes !

Laurent file dans la cuisine.

THÉO
Tu cuisines ?

LAURENT (OFF)
Va bien falloir maintenant.

La sonnerie de l'interphone retentit. Laurent revient.

LAURENT *(regardant sa montre)*
Déjà ?

THÉO
C'est qui ?

Laurent allume une lampe.

4 **ému, -e** touché – 14 **une paupiette (de veau)** Kalbsroulade

LAURENT
L'assistante sociale. Je lui ai dit de venir. Faut bien qu'elle voie que je me reprends en main.

THÉO *(brusquement inquiet)*
Mais Papa, si elle me voit là, elle va pas être contente. C'est pas notre jour. En plus elle va croire que je dors ici.

À nouveau la sonnerie.

LAURENT
Ah bon ? Tu crois ?

THÉO
Avec elle, faut respecter les règles.

Laurent et Théo ne savent que faire…

86 INT. APPARTEMENT LAURENT. SALLE DE BAIN – SOIR

Théo est dans la salle de bain. Il regarde autour de lui. Contrarié, il se gratte. Il entend son père et Sarah parler. Il va écouter à la porte.

LAURENT (OFF)
Faîtes pas attention à la déco parce que y'en a pas.

SARAH (OFF)
Effectivement c'est en devenir.

LAURENT (OFF)
Parfait résumé de ma vie en ce moment. *(désignant une pièce)* Alors là-bas y'a une chambre où Théo pourrait… Enfin si jamais le juge avant l'Angleterre, enfin vous voyez…

3 **se reprendre en main** *ici:* sich aufrappeln, zurechtkommen – 16 **contrarié, e** fâché, agacé

87 INT. APPARTEMENT LAURENT. PIÈCE PRINCIPALE – SOIR

Sarah qui porte en bandoulière un sac rempli de dossiers tend une plante à Laurent.

SARAH
Tenez.

LAURENT
Pour moi ?

SARAH
Ben… Quand on vient chez quelqu'un la première fois…

LAURENT
Merci.

Il part vers la pièce principale, suivi de Sarah. Il cherche où poser la plante.

LAURENT
J'avais une plante quand j'étais ado. Je m'en occupais bien, ma mère était ravie. Par contre quand elle a compris que c'était de la marijuana… Ouh la ! Problème, problème, problème…

88 INT. APPARTEMENT LAURENT. SALLE DE BAIN – SOIR

Théo se tape le front : mais pourquoi son père raconte ça !

3 **une bandoulière** Schulterriemen – 17 **être ravi, e** être très content – 22 **se taper le front** sich an die Stirn fassen

89 INT. APPARTEMENT LAURENT. PIÈCE PRINCIPALE – SOIR

Laurent pose la plante. Derrière lui, Sarah renifle.

SARAH *(sentant le brûlé)*
Y'a pas… ?

LAURENT
J'ai fait des paupiettes.

SARAH
Ah ? En fait vous vouliez m'inviter à dîner ?

LAURENT
Non… Euh oui… Je sais pas… Vous voulez ?

SARAH *(salivant)*
Les paupiettes, elles sont avec des champignons ?

LAURENT
Oui ?

SARAH
(se reprenant)

Je suis là pour mon travail monsieur Bouvier.

LAURENT
Oui, pas de problème.

Elle remarque le walkman à sa ceinture.

SARAH
Ça existe encore ça ?

Il attrape le walkman, le lui tend, ouvre le boîtier.

3 **renifler** schnüffeln – 12 **saliver** → la salive (Speichel) – 24 **un boîtier** Gehäuse

LAURENT
I am learning english.

Sarah ouvre plus nettement le boîtier. Veut en retirer la cassette mais qui alors se déroule.

SARAH
Merde ! Mais quelle idiote ! Oh là là, je suis désolée.

90 EXT. IMMEUBLE LAURENT – COURETTE – SOIR

Un papy qui fumait dans la courette découvre Théo descendu depuis la fenêtre de la salle de bain sur le toit d'un local poubelle. Théo finit sa descente dans la courette.

THÉO *(en partant)*
Bonsoir.

91 INT. APPARTEMENT LAURENT. PIÈCE PRINCIPALE – SOIR

Sarah et Laurent sont assis sur le canapé défoncé. Avec un stylo, Laurent est en train de rembobiner la cassette.

LAURENT
Ça serait sympa si on pouvait rembobiner sa vie.

SARAH
Oui. Et hop, on recommence, en réparant deux, trois p'tites erreurs !

4 **se dérouler** *pour une cassette :* sich abspulen – 7 **une courette** une petite cour – 11 **un local poubelle** lieu pour les poubelles dans un immeuble – 15 **défoncé, -e** kaputt, beschädigt – 16 **rembobiner (une cassette)** wieder aufwickeln, zurückspulen

LAURENT
Ou 55 en ce qui me concerne.

La cassette est réparée. Il la glisse dans le walkman.

LAURENT
Vous changeriez quoi vous ? Bon les cheveux, ça c'est déjà fait.

SARAH
J'essayerai peut-être de faire un travail plus utile pour les gens.

LAURENT
Vous plaisantez ?

SARAH
Si vous saviez le nombre de fois où je me sens impuissante à aider vraiment. Tellement de blocages, de manque de moyens.

Le téléphone de Sarah sonne. Laurent lève les yeux au ciel. Elle décroche.

SARAH
Ah pardon madame Langlade. J'ai pas oublié, mais j'ai eu une journée de fou.

LAURENT *(bas)*
De folle.

SARAH
Je vous rappelle dans deux minutes.

Elle raccroche, se lève, attrape son sac. Laurent se lève.

13 **se sentir impuissant, -e** se sentir sans pouvoir, ne pouvoir rien faire –
15 **des moyens** *mpl ici:* finanzielle Mittel

LAURENT
Faut lever le pied là ! Je vous trouve un peu…

Elle passe devant Laurent pour sortir de la pièce.

SARAH
Quoi ? On dirait ma directrice : vous en faîtes trop Sarah. Vous devez apprendre à cloisonner, à ne pas dépasser la ligne rouge.

LAURENT
Et les paupiettes c'est ligne rouge?

SARAH
Voilà.

92 INT. APPARTEMENT LAURENT. SALLE DE BAIN – SOIR

Laurent ouvre la salle de bain vide. La fenêtre est ouverte. Il a compris. Il referme la porte.

93 SUPPRIMÉE

94 INT. APPARTEMENT THÉO. CHAMBRE THÉO – JOUR

Théo dort sur le côté. Penchée au-dessus de lui, sa mère le secoue doucement.

2 **lever les pieds** *ici:* mal die Füße hochlegen, sich mal ausruhen – 6 **cloisonner** *ici:* séparer vie privée et vie professionnelle – 6 **dépasser** übertreten – 19 **se pencher** sich beugen – 20 **secouer** schütteln

CHLOÉ
Réveille-toi.

Il émerge, se tourne sur le dos en ouvrant les yeux.

THÉO *(râlant)*
Mais j'ai cours qu'à dix heures ?…

CHLOÉ
Ton entraîneur a appelé. On a rendez-vous là pour un skype avec les gens d'Arsenal.

THÉO *(se redressant d'un coup)*
Hein ?

CHLOÉ
Allez debout champion ! Départ dans dix minutes.

Chloé se lève. On reste sur la mine stressée de Théo…

95 INT. CLUB L'INTRÉPIDE FC. BUREAU – JOUR

… qui semble ne pas l'avoir quitté. Un temps. Puis :

CLAUDE (OFF)
Théo ? Ça va Théo ?

On découvre que Théo est entre ses deux parents qui sont debout. Claude est à l'ordinateur.

CLAUDE
Te stresse pas grand. Ça va bien se passer.

Théo acquiesce. Claude regarde sa montre. Bientôt 10 heures.

3 **émerger** *fam* se réveiller – 4 **râler** grogner (meckern, motzen)

CLAUDE
C'est bien que vous soyez là tous ensemble pour parler de l'avenir de Théo.

CHLOÉ
Ils auraient pu se déplacer quand même non ?

La sonnerie Skype retentit.

CLAUDE
Ah.

LAURENT
La ponctualité anglaise !

Claude clique pour décrocher un appel vidéo Skype. Une fenêtre s'ouvre sur l'écran. La famille se rapproche sauf Théo qui reste en arrière, livide. Claude s'assoit et se penche vers l'écran pour dire bonjour. Un jeune homme apparaît. Théo reconnaît le voisin de Max vu sur son balcon. Il porte un blazer, avec dessus un autocollant d'Arsenal, une chemise et une cravate rouge. Derrière lui, sont accrochés un drapeau et des fanions.

VOISIN MAX (VIDÉO)
Hi everybody.

CLAUDE
Hello.

CHLOÉ ET LAURENT
Hello.

CLAUDE *(le désignant)*
C'est Théo.

5 **se déplacer** *ici:* herkommen – 13 **livide** extrêmement pâle (sehr blass, bleich)

Théo fait un petit signe de la main. Laurent, fier de montrer qu'il progresse en anglais, malgré un accent moyen :

LAURENT
How do you do ? What is the wheather in England ?

Chloé et Théo le regardent l'air de dire « arrête toi-là ».

VOISIN MAX (VIDÉO)
I'm glad to see you Théo.

THÉO *(voix blanche)*
Me too.

VOISIN MAX
Well...

La petite troupe attend alors, un brin fébrile, que « l'homme d'Arsenal » dise quelque chose. Mais il ne dit rien. Un temps gênant de silence. Le voisin de Max se racle la gorge comme s'il allait parler. Mais n'en fait rien. Il est mal à l'aise. Il regarde quelqu'un hors champ. Échanges de regards interloqués entre Claude et Chloé. Laurent reste toujours souriant. Théo, lui, pourrait défaillir.

C'est alors que le drapeau Arsenal installé derrière le voisin se décroche lentement du panneau sur lequel il était accroché. Théo blêmit. Dans la fenêtre vidéo, le voisin se retourne pour le retenir. L'image skype se fige alors.

CLAUDE
Merde. Vous m'entendez ?

8 **une voix blanche** tonlose Stimme – 12 **un brin fébrile** ein bisschen fiebrig – 14 **se racler la gorge** sich räuspern – 16 **hors champ** *dans un film* im Off – 17 **interloqué, e** aus der Fassung gebracht – 18 **défaillir** perdre connaissance (in Ohnmacht fallen) – 21 **blêmir** devenir pâle – 22 **se figer** einfrieren

LAURENT
Laisse. Do you listen to me ? Hello, is there someone ?

La communication est interrompue. Claude essaie de rappeler.

CLAUDE
Ça marche pas.

La sonnerie annonçant l'arrivée d'un mail retentit. Claude l'ouvre. Chloé, agacée, se penche pour lire.

CHLOÉ
Bon, ils s'excusent, ils ont un gros problème technique. T'es pas trop déçu ?

Théo surjoue une mine de déception.

CLAUDE *(se levant, à Théo)*
Allez ! Partie remise !

CHLOÉ
Oui mais pas comme ça. La prochaine fois je veux les voir en vrai. Calez un rendez-vous s'il vous plaît.

CLAUDE
Ça risque de prendre du temps.

CHLOÉ
Peu importe. Les gens qui prétendent s'occuper de l'avenir de mon fils, qu'ils prennent l'avion, qu'ils viennent me parler.

La mine inquiète de Théo.

12 **une déception** → déçu, e, decevoir qn – 14 **partie remise** *ici:* Dann holen wir das nach ! – 17 **caler (un rendez-vous)** *fam* fixer un rendez-vous

96 EXT. IMMEUBLE MAX – JOUR

Le doigt de Théo appuie sur l'interphone.

97 INT. APPARTEMENT MAX. CHAMBRE – JOUR

Max assis sur son fauteuil tourne le dos à son ordinateur. Il parle à Théo debout.

MAX
Je suis désolé. Mais ils arrêtaient pas d'envoyer des mails pour avoir un rdv. Fallait bien que je trouve un truc !

THÉO
Pourquoi tu m'as pas prévenu ?

MAX
Parce que tu m'avais demandé d'arrêter.

THÉO
Mais t'as pas arrêté !

MAX *(un peu gêné)*
Ouais…

Théo soupire et se dirige vers le décor improvisé pour le skype Arsenal, avec le drapeau à moitié décollé.

MAX
Ça fait longtemps que je me suis pas autant marré.

THÉO
J'ai tellement eu peur mec, j'ai failli me pisser dessus.

8 **un rdv** rendez-vous – 20 **se marrer** s'amuser – 22 **faillir faire qc** beinahe etw tun

MAX
T'aurais dû prendre ma bouteille.

Mine dégoûtée de Théo, qui finit par s'amuser de la blague. Il revient vers Max qui se retourne face à son ordinateur.

THÉO
En tout cas, t'as raison, je vais me faire griller.

Théo sort alors une lettre de sa poche.

THÉO
Du coup j'ai écrit la lettre d'Arsenal qui dit que finalement ils me prennent pas.

MAX *(déçu)*
Ah…

(un court temps)

Dans le fond, t'aurais aimé y aller ?

THÉO
Au début j'y pensais pas. Mais à force d'y penser…

MAX *(lettre en main)*
Le mail, je l'envoie maintenant ?

THÉO
Non. Je te dirai quand. J'ai besoin encore d'un peu de temps…

98 EXT. FRICHE INDUSTRIELLE – JOUR

Théo fait une belle frappe en direction du but peint sur le mur. Laurent, au poste de goal, ne l'arrête pas. Il applaudit son fils. Montage en jump cut de différents tirs.

Quelques instants après. Père et fils sont assis contre le mur. Ils se désaltèrent avec une bouteille de cola qu'ils se passent. Théo a le ballon en main.

LAURENT
Tu vas être la star samedi à la kermesse du club.

THÉO
Papa, si finalement ça marchait pas Arsenal, on pourra continuer à venir ici ? À passer du temps ensemble.

LAURENT
Hein ? Oui, mais t'inquiète pas, ça va marcher.

Il regarde son fils et s'amuse à faire tomber le ballon. Sourires complices.

LAURENT
Allez on reprend !

99 SUPPRIMÉE

100 INT. APPARTEMENT THÉO. ENTRÉE + SALON – JOUR

Théo entre avec le vieux sac de sport. Il ferme la porte. Il entend sa mère.

2 **une frappe (de ballon)** Schuss – 4 **un montage en jump cut** *dans un film* Filmschnitt mit Bildsprüngen – 6 **se désaltérer** enlever la soif – 9 **une kermesse** une fête

CHLOÉ (OFF)
J'ai vraiment eu l'impression qu'elle cherchait à voir si j'étais une mauvaise mère. Ce qui vient de se passer est insensé.

Théo s'avance pour la trouver au téléphone dans le salon. Eric est assis devant la table où il était en train de réparer une lampe. Il semble comme dépassé par les événements.

CHLOÉ
Comment pouvez-vous laisser les gens de votre service agir ainsi ? Rappelez moi demain ! Sans faute !

Elle raccroche.

THÉO
Qu'est ce qu'il se passe ?

CHLOÉ
C'est ton père. Je sais pas ce qu'il est encore allé raconter.

Elle s'agite, cherche quelque chose.

THÉO
Raconter quoi ? À qui ?

CHLOÉ
À cette fille, là, l'assistante sociale.

Elle trouve un paquet de cigarettes planqué.

ERIC
Ah ben non puce, tu vas pas reprendre…

Elle lui jette des yeux noirs, il s'arrête net.

4 **insensé, e** fou, pas conforme au bon sens / à la raison – 7 **sembler dépassé, e par qc** ne pas comprendre qc – 21 **planquer** *fam* cacher – 24 **s'arrêter net** se taire tout de suite

CHLOÉ *(allumant la cigarette)*
Elle débarque ici, soit disant pour faire le point. Elle laisse entendre qu'il y a un problème entre toi et Eric.

ERIC *(interloqué)*
Elle m'a demandé ce que je faisais avec les œufs ??? Les œufs ?

CHLOÉ
Je l'ai jamais sentie cette fille, là. Depuis le début…

THÉO *(l'interrompant)*
C'est de ma faute.

(un court temps)

J'avais peur qu'on me laisse pas partir avec papa. J'ai été la voir…

(regardant Eric)

J'ai dit que tu m'avais cassé un œuf sur la tête.

ERIC *(calme)*
Ah.

(avec un temps de retard)

Hein ???

CHLOÉ
Mais t'es pas bien !

THÉO
Il fait beaucoup d'efforts papa tu sais.

4 **interloqué, e** fassungslos – 8 **sentir qn** *ici:* aimer qn

CHLOÉ

C'est pas la question ! C'est très grave d'inventer des trucs comme ça. Tu réalises un peu ?

THÉO

Pardon.

ERIC

Bon, c'est pas si dramatique, il a pas pensé à mal.

CHLOÉ

T'en as pas marre toi ? Faire toujours comme si tout allait bien, arrondir les angles. Si, c'est grave ! Mouille-toi un peu merde !

Eric regarde Chloé. Puis soudain se lève, s'approche de Théo.

ERIC

Je sais que tu m'aimes pas. Je peux comprendre, c'est pas facile de voir un inconnu débarquer dans la vie de sa mère. Mais c'est pas une raison pour me prendre pour un con. Je te demande pas de m'apprécier, même si ça me ferait très plaisir. Juste tu racontes pas n'importe quoi sur moi. Alors écoute, tu vas appeler cette fille pour t'expliquer et t'excuser ! C'est compris ? Oh, c'est compris ?

Théo acquiesce.

CHLOÉ

Ah ben voilà, là tu t'es mouillé ! Trempé même.

Un court temps. Puis, elle rit, suivie d'Eric. Théo sourit.

10 **arrondir les angles** supprimer les difficultés – 10 **se mouiller** sich nass machen *ici: fam* s'engager (sich ins Zeug legen) – 17 **apprécier** aimer – 23 **tremper** se mouiller beaucoup

101A EXT. CLUB L'INTRÉPIDE FC. TERRAIN DE FOOT – JOUR

C'est la kermesse annuelle de l'Intrépide FC. Les enfants participent à des animations sur le terrain. Sur un espace mitoyen du terrain, quelques tables ont été dressées.

Laurent, verre de cola en main, est debout devant une table où sont servis boissons et gâteaux. Antoine se tient de l'autre côté.

ANTOINE
Alors celui là c'est le poire choco, je l'ai appelé « le Péno ».

Laurent se sert une part et s'éloigne. Alors qu'il quitte l'espace table pour aller vers le terrain, il entend :

BRUNO (OFF)
Ah le voilà, le père de notre petit prodige !

Laurent se tourne et voit arriver le patron du club aux côtés d'un quinquagénaire en costume. Bruno le présente à son interlocuteur.

BRUNO
Comment ça va Laurent ? Monsieur Riffault dirige le centre commercial Beausoleil. Mais surtout il est notre nouveau sponsor.

Laurent et le patron se serrent la main.

LAURENT
Salut.

PATRON SPONSOR
Vous devez être fier ?

14 **un enfant prodige** un enfant très doué (Wunderkind)

LAURENT
J'y ai toujours cru pour Théo. Moi même quand j'étais jeune, j'aurais pu…

BRUNO *(le coupant)*
Bon d'ici dix jours sur nos maillots… (Mimant un sigle sur la poitrine) : Beausoleil ! Ils seront tout beaux pour la fin du championnat.

PATRON SPONSOR
Que vous pouvez gagner non ?

LAURENT
Pour l'instant on a deux points de retard sur le sporting de Lille. Si on les bat au prochain match, on peut le gagner, oui.

BRUNO
Mais ça sera dur, on joue chez eux. Ça serait historique pour l'Intrépide !

Laurent aperçoit Chloé qui arrive. Elle lui fait un petit signe de la main.

101B EXT. CLUB L'INTRÉPIDE FC. TERRAIN DE FOOT – JOUR

Laurent et Chloé sont appuyés à la barrière et regardent vers le terrain. Ils se partagent la part de « péno » et le cola.

LAURENT
C'est sympa pour lui que tu sois venue.

CHLOÉ
Cette année, c'est un peu particulier, non ?

5 **un sigle** Kürzel, Druckaufschrift

LAURENT
Alors, t'as réfléchi ?

CHLOÉ
Je me suis renseignée surtout. Tu sais combien des jeunes en centres de formations deviennent vraiment pros ? 5 %, 10 % à tout casser. Et les autres ? Ils y ont cru des années, et puis quoi ?

LAURENT
C'est pour ça qu'ils lâchent pas le lycée en parallèle.

CHLOÉ
Ça me fait peur pour lui. C'est trop dur ce monde, Laurent.

LAURENT
Parce que t'aimes le nôtre ?

CHLOÉ
C'est ça que tu veux pour ton fils ?

LAURENT
Je ne veux pas qu'il ait de regrets. *(un temps)* C'est trop lourd les regrets.

Ils se regardent. Emus.

CHLOÉ
J'ai besoin de temps encore.

LAURENT
Tu sais, j'ai peur moi aussi. De pas assurer là-bas. J'ai tellement merdé toutes ces années. *(comme pour se convaincre)* Mais faut que j'y arrive.

6 **à tout casser** au maximum (höchstens) – 9 **ne pas lâcher le lycée** continuer d'aller au lycée – 17 **avoir des regrets** etw bereuen – 23 **assurer** *ici:* convaincre (comme père) – 24 **merder** *fam* Mist machen

Chloé le regarde sans rien dire. Ils regardent vers le terrain où Théo joue avec ses amis tout en jetant des regards vers ses parents.

LAURENT
Tu serais d'accord pour que je l'emmène à la fête des géants la semaine prochaine ? Il pourrait venir avec ses copains.

CHLOÉ
C'est un truc de papa ça ?

LAURENT
Ben, moi aussi faut bien que je m'entraîne.

Souriant il fait coucou à Théo qui lui répond d'un geste.

102 EXT. GRANDE ARTÈRE. VILLE FÊTE DES GÉANTS – JOUR

D'imposants géants sont portés en procession. La foule se presse pour assister au défilé au son des orchestres de rue. Une ambiance de carnaval avec cotillons, chars et personnages déguisés. Théo, Romane et Karim courent parmi la foule.

LAURENT (OFF)
Hé !

Théo se retourne vers son père, essoufflé, en sueur, qui avance derrière eux.

5 **la fête des géants** *une procession de folklore avec des figures de géants (Riesen) à Lille* – 17 **des cotillons** *mpl* Partyartikel wie Papierschlangen, Konfetti, Partyhütchen – 17 **un char** *ici:* une voiture décorée – 18 **déguisé, e** verkleidet – 19 **une foule** grand nombre de personnes – 22 **essoufflé, e** à bout de souffle (atemlos) – 22 **être en sueur** (→ p. 91)

LAURENT
J'ai soif. On boit un coca ?

THÉO *(pointant un char)*
On va voir les danseurs là.

LAURENT
Je fais une pause moi. On se retrouve plus tard sur la grande place. Garde bien ton téléphone, hein !

THÉO
Ok.

Théo voit son père partir dans une rue adjacente. Et se retourne pour rejoindre ses amis.

103 INT. BAR. VILLE FÊTE DES GÉANTS – JOUR

Laurent s'avance vers le comptoir.

LAURENT
Un coca s'il vous plaît.

C'est alors qu'une personne sortant des toilettes rejoint deux personnes qui l'attendaient pour sortir du café. Laurent suit l'individu du regard. Le visage de Laurent s'éclaire tout d'un coup. Il a reconnu l'interprète qui avait accompagné le recruteur.

LAURENT *(au barman)*
Je reviens.

10 **adjacent(e)** benachbart – 18 **s'éclairer** *pour un visage* sich aufhellen

104 EXT. BAR FERIA – JOUR

Dans la rue animée, l'interprète sort du bar avec les personnes qui l'accompagnent. Ils font quelques mètres. Laurent sort à son tour.

LAURENT
Monsieur !

L'interprète se retourne. Il ne reconnaît pas Laurent. Ils se rapprochent. Laurent est excité de le revoir.

LAURENT
Ça va ?

INTERPRÈTE *(interloqué)*
Euh… Oui…

Laurent met sa main sur l'épaule de l'homme.

LAURENT
Je voulais vous remercier.

INTERPRÈTE
Ah ?

Laurent constate que l'homme ne le remet pas.

LAURENT
Je suis le père de Théo, vous vous souvenez ? Le gamin que vous avez pris pour Arsenal. Enfin pas vous, l'Anglais là, le recruteur.

Il sort son téléphone, lui montre Théo en fond d'écran.

INTERPRÈTE *(embarrassé)*
Oui, oui je me souviens très bien de lui. Mais euh…

18 **constater qc** remarquer qc – 18 **ne pas se remettre qn** ne plus se rappeler de qn

LAURENT
Vous nous avez porté chance. You give me luck ! Bon, je suis pas encore bilingue comme vous, mais je m'y suis mis. Dites, ça va mon accent ?

INTERPRÈTE
Écoutez, il doit y avoir une erreur. Votre fils, le recruteur, ne l'a pas pris.

LAURENT
Pardon ?

INTERPRÈTE
Il l'a pas retenu.

À partir de là, Laurent est comme perdu. Il réalise ce que cet homme vient de lui révéler, mais il n'entend plus ce qu'il dit. Comme si le son environnant des percussions l'envahissait totalement.

INTERPRÈTE
Il lui a dit qu'il jouait bien, mais qu'il était trop petit. Il lui a expliqué, je m'en souviens très bien. Bon, vous m'excuserez hein, on m'attend, au revoir.

Laurent ne répond rien. Visage crispé. L'interprète s'en va.

104 bis INT. BAR. VILLE FÊTE DES GÉANTS – JOUR

Laurent, sombre, revient au comptoir. Son coca l'attend.

LAURENT *(au barman)*
Un pastis plutôt.

3 **bilingue** qui parle deux langues – 11 **retenir** *ici:* choisir, accepter – 13 **révéler** offenbaren, verraten – 14 **environner** umgeben – 15 **envahir totalement qn** *ici:* jdn total einnehmen – 20 **crispé, e** verkrampft

105 EXT. GRANDE PLACE. VILLE FÊTE DES GÉANTS – JOUR

En ville la fête bat son plein. Théo et ses amis regardent des géants venus de différentes régions et différents groupes qui défilent.

106 INT. BAR. VILLE FÊTE DES GÉANTS – JOUR

Laurent finit un pastis, fait un signe au barman de lui en resservir un.

107 EXT. GRANDE PLACE. VILLE FÊTE DES GÉANTS – JOUR

Alors qu'un char avec un dragon passe près de lui, Théo a son téléphone a l'oreille. Romane l'interroge du regard. Il fait non de la tête. Relance un appel sur son téléphone.

108 EXT. BAR. VILLE FÊTE DES GÉANTS – JOUR

Laurent finit cul sec un pastis au comptoir. Il ne décroche pas son portable qui sonne.

LAURENT
Petit salaud…

3 **battre son plein** in vollem Gange sein – 12 **interroger qn du regard** jdn fragend anschauen – 15 **finir cul sec** *fam* auf ex trinken – 18 **un salaud** *vulg* Dreckskerl

109 EXT. GRANDE ARTÈRE. VILLE FETE DES GÉANTS – JOUR

Théo et ses amis avancent dans la foule. Théo, inquiet, cherche son père du regard. Se faisant, il aperçoit plus loin, perdu au milieu de la foule, l'interprète. Théo songeur.

109B EXT. GRANDE PLACE. VILLE FÊTE DES GÉANTS – JOUR

Plan large.

110 EXT. RUE. VILLE FÊTE DES GÉANTS – JOUR

Bouteille de vin en main, Laurent titube dans une rue. Il aperçoit le type agressif déjà vu chez Banal, en compagnie de deux comparses qui avancent dans sa direction.

LAURENT *(pour lui même)*
Putain manquait plus que ça…

Il les croise sans les regarder. Le type se retourne.

TYPE AGRESSIF
T'es tout seul ? Il est où ton trophée, ton futur gagne pain ?

Laurent soupire et se retourne à son tour.

TYPE AGRESSIF *(imitant Laurent)*
Mon fils, mon fils, mon fils.

4 **apercevoir** voir, découvrir – 10 **tituber (d'ivresse)** vor Trunkenheit torkeln – 12 **un, e comparse** *ici:* un ami – 14 **putain** *vulg* scheiße – 15 **croiser qn** passer à côté de qn – 17 **un gagne-pain** Ernährer, Geldverdiener

LAURENT
Ferme ta gueule connard !

TYPE AGRESSIF
Quoi ?

LAURENT
Ferme ta grande gueule !!!

Et brusquement, comme nous l'avions vu faire au début du film, il se rue sur le groupe tel un taureau dans l'arène.

111 SUPPRIMÉ

112 SUPPRIMÉE

113 EXT. GRANDE PLACE. VILLE FÊTE DES GÉANTS – JOUR

Sur un coin dans la grande place, Romane revient en courant par un des côtés. Puis quelques secondes plus tard arrive Théo, lui aussi en courant.

THÉO
Alors ?

Romane fait non de la tête. Il se retourne pour voir arriver Karim d'un autre endroit. Lui aussi fait non de la tête.

THÉO
Merde qu'est ce qu'il fout encore ?

2 **Ferme ta gueule connard!** *vulg* Halts Maul, Idiot ! – 8 **se ruer sur qn** sich auf jdn stürzen – 8 **un taureau** Stier – 21 **Qu'est-ce qu'il fout ?** *fam* Was treibt er (bloß)?

C'est alors que Théo entend, provenant d'une rue adjacente, le son d'une sirène d'ambulance. Son visage se crispe. Il se met brusquement à courir dans cette direction aussitôt suivi par ses amis.

114 EXT. RUE. VILLE FÊTE DES GÉANTS – JOUR

Sur un brancard au sol, un homme allongé au visage tuméfié grommelle. C'est Laurent. Au sol, la bouteille est cassée. Des ambulanciers soulèvent le brancard pour le poser sur des roulettes. Théo arrive en courant.

THÉO
Papa !

Les deux brancardiers sont surpris.

BRANCARDIER 1
C'est ton père ?

Théo, bouleversé, acquiesce. Il attrape la main de son père. Théo accompagne le brancard qui roule jusqu'à l'ambulance.

Théo lâche la main de son père pour laisser les brancardiers l'installer dans le véhicule. Romane et Karim, qui arrivent à leur tour, découvrent la situation. Le brancardier qui a fini de hisser le brancard se penche vers Théo.

BRANCARDIER 1
Monte !

Théo se tourne vers ses amis.

6 **un brancard** Tragbahre – 7 **tuméfié, e** geschwollen – 7 **grommeller** murren – 9 **une roulette** petite roue tournant en tous sens – 21 **hisser** tirer en haut

THÉO
Vous deux rentrez !

KARIM
On te laisse pas.

THÉO
Prenez le prochain car, rentrez !

Théo monte dans l'ambulance. Le brancardier N°2 ferme les portes et monte à l'avant du véhicule, côté passager. Le véhicule démarre. Ses deux amis, sous le choc, la regardent partir.

115 INT. HOPITAL. URGENCES. SALLE D'ATTENTE – JOUR

Théo, fatigué, est assis aux urgences. La porte battante qui s'ouvre plus loin le fait se redresser. Il aperçoit son père qui s'avance lentement. Laurent a des commotions au visage. Le voilà près de son fils. Ils se regardent. Laurent a le visage fermé, conscient désormais du mensonge. Théo, à la fois rassuré de voir son père debout et déçu de le savoir rattrapé par ses vieux démons. Un temps.

LAURENT *(sec)*
Ça va ?

THÉO *(avec ironie)*
Ben oui, ça va… Pourquoi ça n'irait pas ?

LAURENT
Allez viens !

9 **démarrer** partir – 15 **une commotion** *ici:* Prellung

116 EXT/INT. CAR – SOIR

Le car du retour roule dans la campagne au crépuscule. À l'intérieur, Théo s'est endormi en posant la tête sur les genoux de son père. Songeur, Laurent regarde son fils, puis tourne la tête vers la vitre dans laquelle son visage se reflète. Il ne rêve plus, la réalité l'a rattrapé.

117 EXT. IMMEUBLE THÉO – NUIT

Ils arrivent au bas de chez Théo.

LAURENT
Salut.

THÉO
Tu m'entraînes demain ?

Laurent acquiesce. Théo se dirige vers l'immeuble.

LAURENT
Théo !

Il se retourne.

LAURENT
Peut-être pas demain en fait. Il vaut mieux que tu fasses tes devoirs. Que tu révises tes cours.

THÉO
Je croyais qu'on s'en foutait des cours.

LAURENT
C'est important quand même. *(un court temps)* Si finalement ça marchait pas Arsenal…

2 **au crépuscule** à la tombée de la nuit – 4 **sur les genoux** auf dem Schoß

À la façon dont il le regarde, Théo comprend que son père essaye de lui dire quelque chose.

LAURENT *(ému)*
Ils peuvent encore changer d'avis.

Théo baisse les yeux.

LAURENT
C'est bien beau de rêver, mais on sait jamais, tu crois pas ?

Laurent tousse, se tient les côtes endolories.

LAURENT
On se voit samedi au match contre Lille. Cette fois, on va les massacrer ces p'tits bourges du Sporting. Il est pour toi ce championnat. Allez salut.

Laurent s'en va. Théo, larmes aux yeux, le regarde partir.

THÉO
Et merde…

118 INT. COLLÈGE. RÉFECTOIRE – JOUR

Théo et Karim déjeunent seuls. Théo, mine renfermée.

KARIM
Oh là là. Oh là là là. Oh là là là…

Regard de Théo genre « ça va maintenant ». Karim s'arrête un peu. Puis reprend.

KARIM
Oh là là là là…

4 **un avis** une opinion – 8 **tousser** husten – 8 **endolori, e** qui fait mal – 11 **un, e petit, e bourge** *fam* Spießer – 17 **renfermé, e** verschlossen, in sich zurückgezogen

Il stoppe en voyant arriver Romane avec son plateau repas.

ROMANE *(s'asseyant face à Théo)*
Ben alors ? Qu'est ce que tu fous ? J'ai essayé de te joindre toute la journée hier. Alors ton père ?

THÉO
Il avait bu…

ROMANE *(ironique, s'asseyant)*
Noonnn ?

THÉO
…Il s'est battu. Mais ça va, rien de cassé.

ROMANE
Qu'est ce que je t'avais dit ? T'as rien à attendre de lui.

THÉO
C'est pas de sa faute là.

ROMANE
Ah oui ? De qui d'autre ? C'est toujours de leurs fautes.

Théo hésite à lâcher la vérité. Karim le regarde l'air de lui dire de le faire. Romane comprend qu'il y a quelque chose.

ROMANE
Quoi ?

Théo la regarde, hésite encore, puis lâche :

THÉO
Arsenal. J'ai jamais été sélectionné.

ROMANE
Hein ?

10 **cassé, e** *pour une partie du corps* gebrochen – 17 **hésiter** → *anglais* to hesitate (zögern) – 17 **lâcher la vérité** dire la vérite

KARIM
C'est un mytho. Avec Max ils se sont débrouillés pour faire croire ça à tout le monde.

Romane regarde Théo, se refusant à y croire. Théo acquiesce.

KARIM
Il a fait ça pour son père. Pour le sortir de son trou.

ROMANE
T'es vraiment trop con.

Elle se lève brusquement et quitte la cantine.

KARIM
Oh là là. Oh là là là. Oh là là là…

THÉO
C'est sûr que là tu m'aides bien.

Théo se lève à son tour et part pour rattraper Romane. On reste sur Karim.

KARIM
Oh là là. Oh là là là. Oh là là là…

119 EXT. COLLÈGE. COUR – JOUR

Théo sort. Il voit Romane seule dans un coin. Il la rejoint.

THÉO
Le truc bien c'est que je pars pas.

Elle ne dit rien. Ils se regardent.

2 **se débrouiller** zurechtkommen, sich zu helfen wissen – 4 **se refuser de faire qc** sich weigern etw zu tun

ROMANE
Tu pensais vraiment que ça allait aider ton père de lui mentir ?

Théo acquiesce.

ROMANE
Mais t'as pas à t'occuper de lui. T'es pas responsable de tout le monde hein ! Ton père, ton équipe, ton copain bizarre. Et puis qui encore ?

Elle désigne une prof qui passe.

ROMANE
Tu veux pas aider Madame Grosjean ? Elle aussi elle picole. Super Théo à la rescousse de tous les bras cassés ! Tu ferais mieux de t'occuper de toi !

THÉO
Je savais que t'allais dire un truc comme ça. C'est pour ça que je t'ai rien raconté.

ROMANE
Ben évidemment Pfff… Je te l'aurais dit moi que ton père était pas capable de s'en sortir.

THÉO *(piqué au vif)*
Arrête avec mon père ! C'est pas parce que le tien s'est barré que c'est tous des gros cons.

Romane lui lance un regard noir. Théo semble désolé de ce qui lui a échappé. Romane attrape son sac, file vers le bâtiment.

12 **picoler** *fam* boire beaucoup d'alcool – 12 **(venir) à la rescousse de qn** aider qn – 12 **un bras cassé** *fam* une personne incapable, nulle – 19 **s'en sortir de qc** *fam* etw auf die Reihe kriegen – 20 **piqué au vif** très en colère

120 INT. CLUB L'INTRÉPIDE FC. BUREAU – JOUR

Théo est assis sur une chaise. Mine éprouvée. Il fait face à Claude et Bruno. Antoine se tient près de la porte.

BRUNO *(très remonté)*
Tu m'as compris, ça n'a pas de nom ce que tu as fait.

Sur le bureau, la figurine de la reine d'Angleterre agitant sa main est posée.

BRUNO
Je te garantis que tu vas passer en commission de discipline.

CLAUDE
On n'a pas de commission de discipline Bruno.

BRUNO
Et bien je vais en créer une !

Bruno détourne son regard. Claude regarde Théo. Un court temps.

CLAUDE
Rejoins les autres, j'arrive. Et tâche de rester concentré pour le match mercredi, on aura besoin de toi.

Théo va vers la porte. Il passe devant Antoine et sort.

ANTOINE
Pffff. Si c'est ça le sport. Au moins dans la pâtisserie…

2 **éprouvé, e** mitgenommen, hart getroffen – 4 **être remonté, e** être en colère – 5 **Ça n'a pas de nom.** *ici:* Es ist unbeschreiblich / schändlich. – 9 **passer en commission de discipline** vor den Disziplinarausschuss müssen

Claude lui lance un regard l'air de dire « tais toi ». Antoine ne dit plus rien.

BRUNO
Qu'on est cons ! Mais qu'on est cons ! Mais cons… Qu'est ce que je vais dire au sponsor ?

Un court temps. Puis Claude lève son doigt.

CLAUDE
« La vie est toujours trop cruelle. Tout ce que nous pouvons faire c'est essayer de passer le ballon et laisser le soleil briller. En espérant qu'il brille pour tout le monde ».

Bruno le regarde sans comprendre.

CLAUDE
Eric Cantona.

BRUNO *(se contenant)*
C'est pas le moment là Claude.

CLAUDE
Il a juste voulu que ça brille un peu pour son père.

BRUNO
Son père… Pfff… Celui-là je veux plus jamais le revoir. Tout ce merdier c'est de sa faute.

Il saisit la figurine de reine et la jette dans la corbeille.

4 **con, -ne** *ici:* stupide

121 EXT. CLUB L'INTRÉPIDE FC. TERRAIN DE FOOT – JOUR

Théo, déprimé, longe le terrain de foot d'où ses coéquipiers, dont Karim, le regardent. Leurs visages indiquent d'évidence qu'ils sont au courant de la supercherie.

KARIM
Théo !

Théo se retourne, les regarde. Puis, comme honteux, il détourne le regard. Et, plutôt que de les rejoindre, s'enfuit en courant.

KARIM (OFF)
Théo !

122 EXT. ROUTE – JOUR

Théo court à perdre haleine comme pour oublier ses tourments.

8

123 INT. SERVICES SOCIAUX. BUREAU SARAH – JOUR

Sarah est en train de remplir des cartons dans son bureau.

LAURENT (OFF)
Je peux ?

Elle se retourne et découvre Laurent à la porte.

5 **une supercherie** Schwindel, Betrug – 8 **honteux, -euse** → avoir honte de qc – 14 **courir à perdre haleine** laufen bis jdm die Luft wegbleibt – 15 **un tourment** douleur, souffrance morale

SARAH
Ah vous, je sais ce que vous allez me dire.

LAURENT
Ah ?…

Elle parle tout en continuant à faire ses cartons.

SARAH
Ben oui. On ne parle que de Théo dans le quartier.

Laurent va pour dire quelque chose mais rien ne sort.

SARAH
Il aime son père cet enfant.

LAURENT *(ému)*
Dans le fond c'est mieux comme ça. Parce qu'un type comme moi aurait jamais pu partir. J'ai rechuté. Ça aussi tout le monde en parle ?

Elle le regarde, elle était au courant.

SARAH
Mais ce coup-ci, vous allez vous battre.

LAURENT *(ironique, triste)*
C'est mon truc la bagarre…

SARAH
Qu'au moins ça serve à quelque chose ce qu'il a fait. Pour la boisson, vous devriez vous faire suivre.

Laurent acquiesce. Sarah prend une chaise pour aller décrocher le poster d'île paradisiaque accroché au mur.

13 **rechuter** *pour un alcoolique* einen Rückfall haben – 19 **une bagarre** Schlägerei

LAURENT
Oh laissez.

Laurent est suffisamment grand pour le décrocher.

LAURENT
Vous changez de bureau ?

SARAH
J'ai eu une petite explication, de type « franche et sincère », avec ma directrice. Votre ex femme l'avait appelée. Elle m'a collé un avertissement.

Théo m'avait raconté une histoire et moi aussi je l'ai cru.

LAURENT
Oh merde… Il fait ça très bien raconter des histoires.

Il lui donne le poster et soudain, comme prêt à partir :

LAURENT
Je peux allez voir votre directrice si vous voulez ?

SARAH
Ouh la surtout pas ! Et ça servirait à rien, j'ai démissionné.

LAURENT
Hein ?

SARAH
Mais ça va. Je me sens comme même mieux, libérée…

LAURENT
Mais vous allez faire quoi ?

7 **franc, -che / sincère** honnêté *ici / iron:* von großer Direktheit – 9 **coller un avertissement à qn** *fam* jdn eine Verwarnung aufdrücken – 17 **démissionner** renoncer officiellement à un poste – 21 **libéré, e** → la liberté, *anglais* liberty

SARAH
D'abord, je vais commencer par dormir. Beaucoup. Après j'ai une copine dans une association pour les mal-logés. Ça fait longtemps qu'elle me fait des appels du pied. J'avais juste besoin d'un p'tit coup de pouce. Merci Théo !

124 INT. APPARTEMENT SARAH. SALON – JOUR

Laurent porte un gros carton qu'il va déposer dans le salon où Sarah est en train de poser un carton plus léger avec notamment le poster à l'intérieur.

SARAH
Merci.

Sarah regarde ses cartons. On la sent comme un peu perdue.

SARAH
Ça me fait drôle quand même.

LAURENT
Je peux faire quelque chose d'autre ?

SARAH
Commence par me tutoyer.

LAURENT
Ça je devrais y arriver. Rien d'autre ?

Elle se rapproche. Intimidée. Il sent qu'il se passe quelque chose d'inhabituel. Elle lui prend la main. La lui lâche. La

4 **un mal-logé** *Person, die in ärmlichen Verhältnissen lebt* – 4 **un appel du pied** Wink mit dem Zaunpfahl – 5 **un coup de pouce** Hilfestellung, Anschub – 19 **tutoyer qn** dire „tu, toi,…" à qn – 22 **intimidé, e** eingeschüchtert – 23 **inhabituel, -le** qui n'est pas habituel, qui est exceptionnel

reprend. Puis l'embrasse sur la bouche. Elle se décolle. Il se mordille les lèvres. On les sent tous les deux maladroits. Laurent affiche une mine très soucieuse.

SARAH
Ça va pas ?

LAURENT *(jouant l'angoissé)*
On a passé la ligne rouge là non ?

Elle rit. Et voilà qu'il l'embrasse à son tour.

125 EXT. IMMEUBLE THEO – SOIR

L'immeuble de Théo à la tombée du jour.

126 INT. APPARTEMENT THÉO. CHAMBRE THÉO – SOIR

En off sa mère lui parle derrière la porte.

CHLOÉ
Va falloir que tu finisses par ressortir de ta chambre. Je t'ai apporté à dîner : saucisses, purée.

Elle essaye d'entrer. C'est fermé à clé. Un temps. On entend qu'elle pose un plateau.

CHLOÉ
Je laisse ça devant ta porte. Faut que tu manges Théo.

127 SUPPRIMÉE

1 **se décoller** *ici:* sich loslösen – 2 **se mordiller les lèvres** auf den Lippen kauen – 2 **maladroit, e** mal à l'aise (unbeholfen) – 10 **la tombée du jour** Abenddämmerung

128 EXT. BAR DE BANAL – NUIT

Le bar de Banal éclairé dans la nuit.

129 INT. BAR DE BANAL – NUIT

Sous l'œil de quelques habitués que nous avons déjà aperçus, Banal détache, puis enroule, la banderole Arsenal qu'il avait accrochée derrière son comptoir.

130 INT. APPARTEMENT MAX. CHAMBRE – NUIT

La chambre est plongée dans la pénombre. Seul la lumière de l'ordinateur éclaire le visage de Max en train de pianoter à toute vitesse sur son clavier…

131 EXT. TERRAIN DE FOOT. STADE LILLE – JOUR

Un stade de foot vide pour l'heure. On sent qu'on est dans un club plus riche. Le panneau d'affichage lumineux indique sous la mention « Visiteurs » le nom de l'Intrépide FC.

132 EXT. IMMEUBLE DE THÉO – JOUR

La voiture que conduit Eric pile devant l'immeuble. Chloé, téléphone à l'oreille, en jaillit et se rue vers le bâtiment.

5 **détacher** abhängen – 5 **une banderole** Wimpel – 6 **accrocher qc (au mur)** aufhängen – 8 **une pénombre** lumière faible – 17 **pile devant** *ici:* exactement devant – 18 **jaillir (d'une voiture)** quitter la voiture rapidement – 18 **se ruer** se dépêcher, aller rapidement

133 INT. APPARTEMENT THÉO. ENTRÉE + CUISINE + CHAMBRE – JOUR

La porte de l'appartement s'ouvre. Chloé entre, essoufflée.

CHLOÉ *(au téléphone)*
J'y suis.

Elle jette un œil rapide aux friandises et boissons qu'elle avait laissées pour Théo en prévision de sa journée. Elles sont toujours là. Elle se rend à la chambre de Théo. Frappe.

CHLOÉ
Théo ?

Elle ouvre la porte. La chambre est vide. Chloé inquiète.

134 EXT. CLUB L'INTRÉPIDE FC. ABORD DU TERRAIN. PARKING – JOUR

L'équipe, Bruno et Antoine se tiennent près du mini bus dans lequel le chauffeur est au volant. Tous, dans l'expectative, regardent vers Claude qui se tient à l'écart téléphone à l'oreille. Claude fait non de la tête à Bruno qui aussitôt se prend la tête entre les mains.

CLAUDE
Merci (…) Oui, oui, bien sûr, on a appelé son père. Mais il ne sait pas où il est. Je vous tiens au courant s'il arrive.

Il raccroche et revient vers le groupe.

6 **une friandise** choses délicates à manger, en particulier gâteau, confiserie, sucrerie – 7 **en provision** als Vorrat – 16 **dans l'expectative** *ici:* dans l'attente (→ attendre)

BRUNO
Il nous aura tout fait. C'est la cata.

Bruno regarde sa montre. Puis se tourne vers Antoine qui tient un gros sac en papier.

BRUNO
Tiens file moi une madeleine toi !

Antoine s'exécute prestement. Bruno s'en empiffre comme pour se calmer et part tandis que Karim s'avance vers Claude.

KARIM
Je sais à qui il faut demander.

135 INT. PAVILLON ROMANE. CHAMBRE – JOUR

Romane, genoux repliés contre sa poitrine, est recroquevillée sur son lit. Sombre, elle regarde les mobiles. Une sonnerie de porte retentit.

136 EXT. PAVILLON ROMANE. SEUIL DE LA PORTE D'ENTRÉE – JOUR

Romane ouvre et se retrouve, étonnée, face à Laurent.

LAURENT
Bonjour. Excuse-moi je cherche…

Il remarque la mine sombre de Romane.

2 **Il nous aura tout fait.** *Ici:* Damit hat er uns alles Mögliche angetan. – 2 **une cata** une catastrophe – 6 **une madeleine** petit gâteau sucré – 7 **s'exécuter** einer Bitte nachkommen – 7 **s'empiffrer de qc** *fam* sich mit etw. den Bauch vollschlagen – 13 **recroquevillé, e** zusammengekauert

LAURENT
Ça va ?

ROMANE
Oui.

LAURENT
Il est avec toi ?

ROMANE
Qui ? Fourmi ? Il doit être match.

LAURENT
Fourmi ?

ROMANE *(petit sourire)*
C'est un truc avec Théo.

LAURENT
Ben il est pas au match, ton Théo.

ROMANE
S'il y est pas c'est qu'il veut pas y aller.

Elle va pour fermer la porte. Laurent la retient.

LAURENT
S'il manque ce match, ça lui restera comme une blessure. Pour toujours. T'as pas une idée où il peut-être ?

137 EXT. PISCINE DÉSAFFECTÉE – JOUR

Le vent balaie les cheveux de Théo perché au sommet. Il regarde le ciel. Le son d'un moteur attire son attention. Il aperçoit un petit point sur le chemin qui se rapproche.

Il reconnaît son père sur sa Vespa. Romane assise derrière lui. Il s'arrête au pied du toboggan.

Laurent lève les yeux, fait un signe à Théo.

Quelques instants plus tard. Laurent termine de grimper seul l'échelle qui mène au sommet. Il est essoufflé, regarde Théo.

LAURENT
Faut que je me remette au sport. T'es d'accord pour m'entraîner ?

Il s'assied à ses côtés, regarde autour.

LAURENT
C'est beau ici Fourmi.

THÉO
M'appelle pas comme ça !

LAURENT
T'as tort, elle l'a bien trouvé ce surnom.

Théo regarde Romane en bas. Un court temps.

LAURENT
Tu sais ce qu'elles font les fourmis de feu en Argentine ?

THÉO
Hein ?

LAURENT
Quand leurs nids sont inondés, elles s'attachent les unes aux autres. Comme un radeau. Elles s'accrochent pour éviter de se noyer. Elles peuvent naviguer ensemble pendant des mois. Solidaires.

Théo comprend où son père veut en venir.

2 **grimper** klettern – 3 **une échelle** Leiter – 14 **avoir tort** ≠ avoir raison – 21 **un nid** Nest – 21 **inonder** überschwemmen – 22 **un radeau** Floß – 23 **se noyer** mourir dans l'eau – 25 **vouloir en venir à qc** auf etw hinauswollen, auf etw. abzielen

THÉO
T'as trop regardé de documentaires animaliers.

LAURENT
Y'a pas un insecte qui a autant le sens du collectif. Tout pour la survie de l'équipe. Moi je trouve qu'il te va comme un gant ton surnom.

Un court temps.

THÉO *(avec un sourire)*
C'est un discours de papa ça.

LAURENT
Tu vas pas t'y mettre toi aussi.

Laurent lui frotte la tête. Le regarde l'air de dire « on y va ? ». Théo regarde sa montre.

THÉO
C'est trop tard. Ils sont déjà partis. On sera jamais à Lille pour le match avec ta Vespa toute pourrie.

LAURENT
À moins qu'on trouve une caisse…

138 INT/EXT. VOITURE ERIC – JOUR

Eric est au volant, Chloé assise à ses côtés, se retourne vers l'arrière. Laurent y est encadré par Théo et Romane. Elle lui lance un regard empreint de reconnaissance.

4 **le sens du collectif** le sens de l'équipe – 5 **une survie** → survivre, *anglais* to survive, survival – 5 **aller à qn comme un gant** *fam* wie angegossen passen – 9 **un discours** Rede – 16 **pourri, -e** *ici:* vieille, qui fonctionne à peine – 18 **une caisse** *fam* une voiture – 20 **être au volant** conduire une voiture – 21 **être encadré(e)** eingerahmt sein – 22 **empreint, e de reconnaissance** voller Anerkennung

LAURENT
Elle dépote. C'est un combien de chevaux ?

ERIC
C'est plus compliqué que ça. D'abord il faut compter les…

CHLOÉ
Ah non, non ! Je t'en supplie pas la mécanique !

Théo retient un rire. La voiture poursuit sa route.

139 INT. APPARTEMENT MAX. SALON – JOUR

La grand-mère de Max est endormie sur un fauteuil. Le cliquetis d'une porte qu'on ouvre la réveille. Elle dresse l'oreille, se lève d'un bond. Elle rejoint…

140 INT. APPARTEMENT MAX. COULOIR – JOUR

…le couloir. Elle aperçoit Max qui sort lentement de sa chambre tel un spationaute en sortie dans l'espace.

GRAND-MÈRE MAX *(saisie d'émotion)*
Oh mon Dieu !

Max se dirige vers la porte d'entrée.

GRAND-MÈRE MAX
Tu vas où ?

Il ne répond pas et sort.

2 **dépoter** *pour une voiture fam* flott gehen – 2 **un cheval, des chevaux** *pour une voiture* PS / Pferdestärke – 10 **un cliquetis** *d'une porte* Klicken – 14 **un spationaute** Astronaut – 16 **Mon Dieu !** Mein Gott!

141 EXT. IMMEUBLE MAX – JOUR

La porte de l'immeuble s'ouvre. Max apparaît. Il inspire. Met un pied dehors. Puis un autre. Il sort. Regarde les gens qui passent. Apeuré. Et s'élance à marcher dans la rue. Depuis le balcon, sa grand-mère le regarde s'éloigner. Elle lui crie.

GRAND-MÈRE MAX
Fais attention !

Max ne se retourne pas.

142 EXT. ABORD + ENTRÉE DU STADE LILLE – JOUR

La voiture s'arrête au bout de l'allée. Théo en jaillit, se met à courir vers l'entrée. Laurent, Chloé et Romane sortent à leur tour avant qu'Eric ne redémarre pour aller se garer.

Théo arrive en courant près de l'entrée devant laquelle Bruno fume une cigarette aux côtés d'un autre homme et de deux stadiers. Son visage s'illumine en le voyant arriver.

BRUNO
Dépêche toi ! Ils sont au vestiaire, tout de suite à gauche.

Théo entre en courant dans le stade. Bruno le suit du regard, puis sé détourne. Il voit alors arriver Laurent, Chloé et Romane. Il masque, lance à Laurent :

BRUNO
Ah non, vous, pas question !

4 **apeuré, e** qui a peur – 16 **un stadier** Stadienordner – 21 **masquer** *ici:* grimmig schauen – 23 **Pas question!** *fam* Kommt nicht in Frage!

Laurent et Chloé surpris par ce accueil. Bruno écrase sa cigarette et avant d'entrer à son tour glisse à un stadier :

BRUNO
Lui, il n'entre pas. Fouteur de merde.

Il entre aux côté de l'homme qui l'accompagnait. Les stadiers s'avancent.

Le trio s'avance. L'un des stadiers retient Laurent.

LAURENT
Oh tu me touches pas toi !

CHLOÉ
C'est son fils qui joue !

STADIER
J'ai reçu des consignes madame.

Laurent est sur le point de s'emporter, Chloé le sent. Il fait l'effort de se contenir.

LAURENT *(aux filles)*
Allez-y. C'est mieux comme ça.

Chloé lui lance un regard désolé, entre avec Romane. Laurent les regarde s'éloigner dans le couloir, lève les yeux vers les hauteurs du stade, puis tourne les talons.

143 INT. COULOIR/VESTIAIRE. STADE LILLE – JOUR

Théo se tient devant la porte du vestiaire, stressé avant d'entrer. Il entend la voix de Claude.

1 **écraser** zerdrücken – 4 **un fouteur de merdre** *vulg* Krawallbruder – 13 **une consigne** *ici:* Anweisung – 14 **s'emporter** se mettre en colère – 15 **se contenir** sich zusammenreißen – 20 **tourner les talons** auf dem Absatz kehrtmachen

CLAUDE (OFF)

N'oubliez pas, ils vont faire un pressing haut. Mais nous, on va faire exactement comme le Milan AC face au Barça en 94, en finale de la ligue des champions…

Théo prend son courage à deux mains. Il ouvre la porte. Dans le vestiaire le silence se fait immédiatement. Tous le dévisagent. À commencer par Claude.

THÉO

Je veux jouer. Et ça c'est pas un mensonge.

Temps suspendu. Soudain Karim pousse un cri de joie. Théo lui sourit. Le cri de joie est repris par le reste de l'équipe.

CLAUDE

Mets tes crampons.

144 EXT. SQUARE PROCHE. STADE LILLE – JOUR

Laurent s'approche d'un cours d'eau non loin du stade. Il s'appuie à une rambarde. Puis se retourne et voit sur une grande pelouse où un papa joue au ballon avec son garçon de 3 ans. En arrière-plan on aperçoit les pylones qui servent à l'éclairage du stade. En off on entend au loin un son de haut-parleur avec un speaker annoncer le proche début de la rencontre. Laurent lève les yeux vers les pylones.

2 **un pressing haut** stratégie de foot qui empêche l'adversaire de remonter le terrain – 7 **dévisager qn** fixer qn du regard – 13 **un crampon** Stollen – 18 **un pylône** Mast

145 EXT. TERRAIN DE FOOT. STADE LILLE + TRIBUNES – JOUR

L'avant match. Les deux équipes se font face. Théo concentré.

Tout comme Claude qui marche le long de son banc sur lequel Antoine est assis. Claude regarde vers les tribunes. Il repère Bruno, Banal, des habitués du bar, ou encore des parents des joueurs sont là aussi. Soudain, il aperçoit le recruteur d'Arsenal qui s'installe dans les tribunes en compagnie d'une femme interprète.

CLAUDE *(à Antoine)*
Qu'est ce qu'il fout là, lui ?

C'est alors que l'arbitre siffle le début de la rencontre. Claude file encourager son équipe au bord du terrain.

Dans la tribune, Chloé est aux côtés d'Eric et Romane. Romane siffle entre ses doigts. Eric la regarde étonné. Chloé termine de composer un numéro au téléphone.

CHLOÉ
T'es où ?

146 EXT. SQUARE PROCHE STADE LILLE / TRIBUNES– JOUR

Laurent, téléphone à l'oreille, regarde le bambin et son ballon. Son papa s'est assis sur un banc, lisant un journal.

LAURENT
Sur un p'tit terrain pas loin.

8 **s'installer** *ici:* s'asseoir – 15 **siffler entre les doigts** mit den Fingern pfeifen – 21 **un bambin** un petit garçon

CHLOÉ
Ça commence.

LAURENT
Tu me fais les commentaires ?

Chloé sourit.

CHLOÉ
J'y connais rien, tu sais bien.

LAURENT
Passe le téléphone à la petite.

Chloé tend le téléphone à Romane assise à côté d'elle.

CHLOÉ
Il veut te parler.

ROMANE
Allô ?

Romane écoute ce que lui demande Laurent. La musique démarre. Romane se redresse pour regarder une action sur le terrain.

147 INT/EXT. MONTAGE EN MUSIQUE – JOUR

Sur le terrain Théo pique une pointe de vitesse balle aux pieds semant ses adversaires. Il tire. La balle s'envole. Ralenti. La musique démarre qui se poursuivra sur les séquences suivantes. La balle vient heurter la barre transversale du but adverse.

7 **ne rien y connaître** sich nicht auskennen – 20 **semer** *fam* abhängen – 22 **une barre traversale** Querlatte

Max est assis près d'une fenêtre dans un car régional. Pas très à l'aise, il regarde d'un œil tout ce qui l'entoure.

Dans le square, Laurent porte une oreillette. Il vit le match à distance. Devant lui le bambin tâtonne avec son ballon.

En tribunes, Romane commente le match au téléphone. Elle suit des yeux une action, manque se lever pour un but, se rassied.

Sur le banc de touche, Claude et Antoine sont tendus. Plan sur le ballon dans les pieds de Théo qui dribble.

Dans le square Laurent se lève d'un bond. Il lève les bras en l'air. Le petit garçon le regarde étonné.

Sur le terrain Théo, buteur, court et fait une pirouette. Dans les tribunes, le recruteur sourit. Chloé et Eric debout.

Claude s'est levé de son banc et fait des moulinets avec les bras pour que ses joueurs se replacent.

Romane commente toujours au téléphone.

L'Intrépide encaisse un but. Théo et Karim masquent. Laurent aussi alors qu'il fait les cent pas dans le square.

Il s'approche du bambin, lui envoie le ballon dans les pieds. Le père du bambin lui fait un petit merci de la tête.

Le panneau d'affichage indique 1–1 à la mi-temps tandis que les joueurs repartent aux vestiaires. Passant près des tribunes dans lesquelles il cherche son père, Théo aperçoit

3 **une oreillette** Ohrhörer, Ohrstöpsel – 3 **vivre** *ici:* miterleben – 4 **tâtonner** *ici:* faire des essais de tir – 8 **un banc de touche** un banc d'entraîneur – 8 **tendu, e** nerveux – 14 **faire des moulinets avec qc** etw durch die Luft wirbeln – 21 **la mi-temps** Halbzeit

Max qui lui fait un signe en arrivant en tenant fermement la rampe. Théo n'en revient pas. Il lui fait un grand sourire.

L'arbitre siffle la deuxième mi-temps.

Laurent, qui joue toujours avec le bambin, est stressé. Gros plan sur Théo qui fait une tête.

Gros plan sur Laurent.

Plan sur Théo qui court. Peu à peu la musique disparaît. On n'entend plus que sa respiration.

Laurent tendu dans le square.

LAURENT
Mais y'a faute ? Y'a faute ? Qu'est- ce qui se passe ? Il reste combien de temps ?

ROMANE *(au téléphone)*
Oui, ça y est, l'arbitre a donné un coup franc à l'Intrépide. (…) Je sais pas, il doit rester une minute là. S'ils ne marquent pas, les autres gagnent le championnat.

C'est Théo qui va le tirer…

Théo concentré face au mur des joueurs adverses. Prêt à tirer son coup franc.

On repasse sur Laurent. Il repose le ballon devant le bambin qui tire et envoie le ballon dans un bosquet.

Théo concentré.

Laurent va chercher le ballon dans le bosquet en se baissant. Laurent remarque des fourmis au sol, a un petit sourire.

2 **une rampe** Geländer – 2 **ne pas en revenir** *fam* ne pas pouvoir croire qc – 14 **un coup franc** Freistoß – 21 **un bosquet** Busch

ROMANE (OFF)
Théo va frapper…

LAURENT
Vas y Fourmi !

Théo tire un magnifique coup franc enroulé. La balle s'élève.

Le temps suspendu sur le visage de Laurent toujours penché vers le ballon.

Le ballon vole au-dessus du mur, file vers le but, frappe le poteau et entre dans la lucarne.

Laurent soudain s'illumine. Se redresse, lève les bras, ballon en mains.

LAURENT
But ! But ! Oh oui ! But !

Le bambin est interdit. Laurent court vers lui.

LAURENT
Il a marqué !

Laurent jette le ballon, soulève le bambin dans ses grands bras. Et danse avec lui.

LAURENT *(ému)*
Fourmi !!!!

Sur le terrain, Théo est lancé en l'air par ses co-équipiers. Emporté par sa joie, Claude saisit Antoine dans ses bras.

CLAUDE
C'est pas dans la pâtisserie qu'on vit des émotions pareilles, hein, Antoine ?

9 **un poteau** Pfosten – 9 **une lucarne** Torecke

ANTOINE *(joyeux)*
Ça non. Les joies de l'encadrement sportif !

Le sourire de Théo alors qu'il « s'envole » dans les airs.

148 EXT. TERRAIN. STADE LILLE – JOUR

Laurent arrive en courant sur la pelouse sur laquelle tout le monde est descendu. Il n'a pas le temps de rejoindre Théo que déjà Banal, des habitués du bar mais aussi le père spectateur avec lequel il s'était battu, le soulèvent et le porte en triomphe. Théo, qui partageait le trophée avec ses co-équipier, se retourne. Il découvre ému comment son père est fêté.

CLAUDE (OFF)
Théo !

Théo se retourne. Claude s'est approché.

CLAUDE
Il y a quelqu'un qui voudrait te parler.

Claude désigne le recruteur qui s'approche, la femme interprète à ses côtés. Théo aperçoit alors Max qui, sourire aux lèvres, s'auto-désigne. Il agite un fanion d'Arsenal et a noué une écharpe du club à son cou. C'est lui qui a fait revenir le recruteur.

Le recruteur va parler à Théo.

RECRUTEUR *(en français à Théo)*
Bravo pour le match ! C'était très bien.

(puis en anglais)

19 **s'auto-désigner** *ici:* auf sich selbst deuten

Tu lâches rien. J'ai appris que t'étais bon en stratégie aussi.

Laurent, fébrile, Chloé, intriguée, et Romane, comme si elle redoutait quelque chose, regardent la scène de là où ils se trouvent. Théo est comme statufié.

RECRUTEUR *(en français avec un sourire)*
Tu n'as pas un peu grandi ?...

L'homme sourit. Théo saisit ce que cela signifie.

149 EXT. VIGNETTES – JOUR

(A) Le terrain de foot de l'Intrépide sans personne.

(B) La cour du collège vide est un jour de soleil.

(C) La piscine abandonnée.

150 INT. BAR DE BANAL – JOUR

Banal attrape sur son comptoir une corbeille de viennoiseries. Derrière le bar il a de nouveau accroché la banderole arsenal. Il sort...

151 EXT. BAR – JOUR

...en terrasse où Laurent et Théo sont en train de se lever de leurs chaises après un petit-déjeuner.

BANAL *(à Théo)*
Reprends un pain au chocolat. C'est bon, y'a du chocolat dedans.

1 **lâcher qc** abandonner (aufgeben) – 4 **statufié, e** versteinert – 14 **une viennoiserie** Feingebäck

LAURENT
C'est l'heure, faut qu'on y aille là, Banal.

Ils se lèvent. Laurent sort un porte monnaie.

BANAL
Laisse ; c'est pour moi. Enfin !

THÉO
Au revoir Banal.

BANAL
Mets bien ta ceinture dans l'avion, parce que le ciel c'est haut. Bon voyage mon grand !

152 EXT. RUE – JOUR

Théo affiche une mine triste. Laurent tient un sac de voyage.

LAURENT
Fais pas cette tête. Oh, tu te rends compte la chance que c'est ? Même ta mère l'a enfin compris. Bientôt la terre entière va entendre parler de toi !

Mais Théo garde une mine triste. Ils continuent à marcher.

LAURENT
Ecoute Théo. Tu as grandi ces derniers temps. Et moi aussi. La preuve, je laisse ta mère partir à ma place. Pour la première fois j'ai pris une décision raisonnable. Parce que je crois qu'il me manque encore quelques centimètres…

Théo sourit.

9 **une ceinture** *ici:* (Sicherheits-)Gurt – 20 **une preuve** Beweis

153 EXT. IMMEUBLE THÉO – JOUR

Chloé et Eric attendent devant la voiture. Ils voient Théo et Laurent s'arrêter à quelques mètres.

Laurent ouvre le sac qu'il portait, en retire un sac de sport tout neuf. Le donne à Théo.

LAURENT
Tu vas pas arriver là-bas avec un sac tout crado non ?

THÉO *(souriant)*
Merci papa.

Théo sort une lettre dans une enveloppe de sa poche, la tend à son père.

THÉO
Tu peux la donner à Romane.

Laurent acquiesce.

THÉO
Elle veut pas trop me voir en ce moment. Elle est triste que je parte je crois.

LAURENT *(ému)*
Ça je peux comprendre.

Il pince tendrement la joue de son fils. Puis soudainement se baisse pour l'étreindre fort contre lui. Chloé est touchée.

Plus tard. La voiture démarre. À travers la vitre arrière Théo, ému, regarde son père lui faire au revoir de la main.

7 **crado / crade** *fam* sale – 21 **étreindre qn** prendre qn dans ses bras

154 INT/EXT. VOITURE/RUE QUARTIER IMMEUBLE THÉO – JOUR

Théo regarde par la fenêtre son quartier qu'il quitte.

KARIM (OFF)
Hé mec !

Il se retourne pour découvrir son ami à fond à vélo.

THÉO
Tu vas me manquer !

KARIM
Toi pas du tout ! Hé ? C'est super l'Angleterre !

Décidément son ami ment toujours aussi mal. Emu, Théo lui fait un signe de la main alors que la voiture s'éloigne.

155 NOIR

156 SUPPRIMÉE

157 SUPPRIMÉE

158 EXT/INT. MONTAGE – JOUR/NUIT

La voix de Laurent, comme une lettre, court sur le montage.

Un camion de pommes quitte la coopérative tandis que les ouvriers sortent d'un bâtiment. Laurent salut ses collègues.

12 **s'éloigner** *pour une voiture* partir

VOIX OFF LAURENT
Good morning ma grande fourmi. Oui, je sais, faut pas t'appeler comme ça. Alors, prêt pour aujourd'hui ?

Claude entraîne l'équipe sans Théo. Il pioche une madeleine sur un plateau qu'Antoine tient à côté de lui.

VOIX LAURENT OFF
Oh là, là ! Un premier match en rouge. Comme il doit compter ce match.

Romane en train de rire. On découvre Laurent à ses côtés en train de lui parler. Ils sont au sommet du toboggan de la piscine désaffectée. Ils mangent des chamonix.

VOIX LAURENT OFF
Chaque minute, chaque seconde, je vais penser à toi.

Sarah arrive sur son palier. Elle trouve une pomme tachée sur son paillasson. Elle sourit.

VOIX LAURENT OFF
Il y a quelque chose d'important que je voulais te dire. Quoiqu'il se passe en Angleterre, je suis, et je resterai très fier de toi mon garçon.

Laurent roule sur sa vieille Vespa.

Gros plan sur Laurent qui peint un mur en couleur.

VOIX LAURENT OFF
Ne te fais plus de souci pour moi, je m'en sortirai. Il faut que tu penses à toi. À ta vie.

Laurent pose sur une table de nuit la photo encadrée de Théo sur ses épaules prise le soir de la fête chez Banal.

4 **piocher** *ici:* prendre – 14 **un palier** Treppenabsatz – 15 **un paillasson** Fußmatte

VOIX LAURENT OFF
Tu es grand maintenant Théo, c'est à toi de décider ce qui te convient. Pour toi, pas pour les autres.

On découvre que Laurent est dans la chambre d'ado qu'il a refaite chez lui. Il termine d'y accrocher Griezmann.

VOIX OFF LAURENT
Alors, si jamais un jour, t'es plus heureux là-bas, je voulais te prévenir : ton lit est fait.

Vêtu d'un maillot rouge d'Arsenal, Théo lit une lettre dans les vestiaires du club anglais.

VOIX LAURENT OFF
Ici. À à la maison.

Avec ses co-équipiers, il avance dans le couloir qui mène à la pelouse du stade. Au son, le bruit du public. Théo sort dans le halo de lumière au bout du couloir.

Plan rapproché sur Théo sur la pelouse d'Arsenal. Il lève les yeux au ciel. Un avion passe au dessus de lui. Et sort du cadre. Nous restons sur le ciel bleu…

8 **prévenir qn** jdn benachrichtigen – 15 **un halo** heller Lichteffekt durch Brechung des Lichts – 18 **un cadre** *dans un film* Bildausschnitt

Liste des abréviations

≠	antonyme de
→	mot de la même famille
etw	etwas
f	féminin
fam	familier
fpl	féminin pluriel
interj	interjection
iron	ironique
jdm	jemandem
jdn	jemanden
m	masculin
mpl	masculin pluriel
qc	quelque chose
qn	quelqu'un
verlan	argot, langage qui inverse les syllabes
vulg	vulgaire